国家自然科学基金青年科学基金项目“土地整治多功能融合对农户可持续生计的影响机理研究”（批准号：71904150）资助出版

土地整治权属调整的动力机制、实施效果与管控政策研究

吴诗嫚　著

Study on Driving Force Mechanism,
Implementation Effect and Control Policies of
Property Rights Adjustment in Rural Land Consolidation

WUHAN UNIVERSITY PRESS
武汉大学出版社

图书在版编目(CIP)数据

土地整治权属调整的动力机制、实施效果与管控政策研究/吴诗嫚著.—武汉:武汉大学出版社,2021.9
ISBN 978-7-307-22607-4

Ⅰ.土…　Ⅱ.吴…　Ⅲ.土地整理—研究—中国　Ⅳ.F321.1

中国版本图书馆 CIP 数据核字(2021)第 193002 号

责任编辑:詹　蜜　黄河清　　责任校对:汪欣怡　　版式设计:马　佳

出版发行:**武汉大学出版社**　(430072　武昌　珞珈山)
(电子邮箱:cbs22@ whu.edu.cn　网址:www.wdp. com.cn)
印刷:武汉中科兴业印务有限公司
开本:720×1000　1/16　印张:14.75　字数:225 千字　插页:2
版次:2021 年 9 月第 1 版　2021 年 9 月第 1 次印刷
ISBN 978-7-307-22607-4　定价:59. 00 元

前　言

随着我国工业化和城镇化的快速推进，耕地细碎化问题突出，越来越难以适应现代农业的发展需要，土地整治权属调整成为农村经济发展的必然要求。然而，国土资源部对推行十年来全国权属调整工作进行调查，发现权属调整运行不畅问题突出：调整面积比例较低、调整范围有限，土地整治仍是单纯以工程技术手段改造土地物理属性，难以触及对土地产权关系重新调整这一深层次的问题，土地整治的实施效果偏离了政策目标。

土地权属调整是在政府主导下农地产权互换和变更的过程，实质上是为了公共利益的需要，对土地权利人财产关系与利益关系的重新配置，是一项政策性强、涉及面广、利益敏感的社会行为。由于我国农地产权制度缺陷、土地整治立法空白和相关制度不完善，缺乏有效的公权力干预机制及农民有效参与程序，政府以行政手段广泛而深入地介入土地权属调整，极易导致农民的私人利益受损，继而引发社会冲突，阻碍土地权属调整的顺利实施。

因此，深入开展土地权属调整的动力机制、实施效果与管控政策研究，是促进土地集中连片、破解耕地细碎化困境的核心和关键。本书在厘清土地整治权属调整动力机制的基础上，揭示权属调整的实施现状与农户行为规律，探求促进农户积极响应行为的土地整治权属调整的政策措施。

本书共分为七章，结构与主要结论如下：

第一章是导论部分，是对本书研究背景、科学问题、研究内容和思路的简要概述。

第二章是研究土地整治权属调整的动力机制，实质上是探寻土地整治权属调整对耕地细碎化的治理逻辑。通过构建“耕地细碎化——权属调整——农业增收”逻辑框架对耕地细碎化治理的经济学逻辑进行分析，并采用双重差分模型分析土地整治权属调整对耕地细碎化的影响。

第三章是分析土地整治权属调整的实施效果。基于“发现问题、分析问题、解决问题”的逻辑，从土地整治权属调整工作的实施现状入手，揭示土地整治权属调整工作实施中存在的问题，进而分析土地整治权属调整工作实施中存在问题的原因，主要表现为土地权益类型复杂、权属争议和利益主体矛盾突出。为了化解土地整治权属调整利益主体间的矛盾与冲突，本章从土地整治权属调整“前、中、后”的纵向纬度，提出开展农户对土地整治权属调整的意愿、农户在土地整治权属调整过程中的参与行为、土地整治权属调整后农户的生计策略的研究。

第四章是农户土地整治权属调整意愿研究。基于在期望效用理论分析不确定条件下，农户对权属调整未来的预期收益和预期损失效用函数，并利用农户问卷调查数据，采用 Logistic 模型分析农户未来预期对农户土地整治权属调整意愿的影响，并提出提高农户土地整治权属调整意愿的政策建议。

第五章是土地整治权属调整的农户参与行为研究。本章从两个方面开展研究：一方面，通过构建土地整治权属调整过程中农户参与的合作博弈模型，分析土地整治权属调整过程中的帕累托最优选择，并通过实证验证农户参与对土地整治权属调整满意度的影响。这是回答“农户参与行为对土地整治权属调整工作会产生什么影响?”。另一方面，通过农户参与对土地整治权属调整满意度影响的理论与实证研究，找出了农户的最优选择，并在此基础上建立拉格朗日方程计算农户最优选择下单个农户最优反应函数，分析农户参与土地整治权属调整意愿的影响因素，从而揭示土地整治权属调整的农户参与行为机理。

第六章是土地整治权属调整对农户生计决策的影响。采用可持续生计理论，建立“权属调整——生计资本——生计策略”的逻辑，利用农户问卷调查数据，分析土地整治权属调整对农户决策行为的影响。

第七章为结论部分。探讨土地整治权属调整的管控措施主要包括：健全法律制度，实现土地整治的规范化管理；以人类需求为导向，促进现代农业发展；完善农民参与机制，推动政府与农民共同治理的新格局；落实权属调整工作经费，促进权属调整模式创新；坚持公平正义，妥善解决权属调整的纠纷调处。

目　　录

第一章　导　　论

第一节　土地整治的概念、发展概况与类型

一、土地整治的概念

在辞海中，“整治”中文一词的意思是“整顿、整理，使有条理秩序”。“土地整治”照字面意思理解，就是使无序、混乱的土地利用活动变得有条理秩序。

关于土地整治的英文较多，比较常见的有“Land Consolidation”和“Land Readjustment”（卢新海等，2011）。“Land Consolidation”侧重于农业方面，主要指通过对零星、分散及不规整的农地进行重划与合并、土壤改良、完善灌溉排水设施、修建农路、疏浚地方性河流等措施来提高农地利用效率，防止农村景观退化，保护自然环境，改善农村地区生产、生活、生态条件（Bronstert et al，1995；Sklenicka，2006；Mihara，1996；Uhling，1989；Quadflieg，1997；Wittlingerova et al，1998）。“Land Readjustment”则侧重于城市及城市化发展方面，主要指通过将不规整的农地合并调整为规则的建设用地，并配套城市基础设施，从而进行新区开发和旧城改造，推动城市化发展（Larsson，1997；Sorensen，1999；Sorensen，2000）。

我国土地整治的概念经过了提出、发展到统一的过程。1997年，中央《关于进一步加强土地管理切实保护耕地的通知》（中发〔1997〕11号）要求“积极推进土地整理，搞好土地建设”。土地整理正式被写入

中央文件。文件第一次明确了土地整理的内涵，是按照土地利用总体规划的要求，通过对田、水、路、林、村进行综合整治，搞好土地建设，提高耕地质量，增加有效耕地面积，改善农业生产条件和环境。随着土地整治工作的不断推进，陆续出现了很多概念，如土地开发整理、土地开发整理复垦、土地整治、土地综合整治、农村土地整治等，不同的概念在中央文件里同时出现，造成了概念和理解上的混乱。2012 年，《全国土地整治规划（2011—2015 年）》（国函〔2012〕23 号）对土地整治的概念进行了统一，并拓展了其内涵与外延。土地整治是对低效利用、不合理利用和未利用的土地进行治理，对生产建设破坏和自然灾害损毁的土地进行恢复利用，以提高土地利用率的活动，包括农用地整治、土地开发、土地复垦、建设用地整治等。理解这一概念，需要从目标、对象、手段和内容等方面把握以下要点：①土地整治的目标是提高土地的利用率；②土地整治的对象是低效利用、不合理利用和未利用的土地；③土地整治的手段是通过生产建设破坏和自然灾害损毁的土地进行恢复利用的活动；④土地整治的内容包括农用地整治、土地开发、土地复垦、建设用地整治。

二、土地整治的发展概况

（一）国外土地整治发展

“土地整治”一词在国外最早出现于德国、法国和俄国等欧洲国家（卢新海等，2011）。1250 年，德国巴伐利亚州产生了第一块土地合并的文件。1886 年，巴伐利亚王国的法律中首次出现土地整治的概念，并设立了土地整治专门机构，规定了土地整治的实施程序。1953 年，联邦德国制定颁布了第一部《土地整理法》。法国的土地整治始于 1705 年，并于 1919 年颁布《土地调整法》。俄国的土地整治于 17 世纪开展，1765—1785 年完成俄国土地资源的调查与划定，1779 年在莫斯科成立了世界上第一所土地管理学校。荷兰于 1985 年颁布《土地开发法》，以法律的形式规定了土地开发整理的程序、运作方式等（王军等，2003）。时至今日，土地整治已被世界上多数国家所使用，并成为人们利用与保护土地资源的重要途径（杨相和，2002）。

不同国家土地整治的目标虽有所差异，但归纳而言，国外土地整治的发展主要经历了四个阶段（杨相和，2002；贾文涛和张中帆，2005；毕宇珠，2012；Kupidura A et al，2014；张军连等，2003；谈明洪和吕昌河，2005；Pašakarnis G et al，2013；Muchová M et al，2016）。

第一阶段是以治理细碎化为目标的权属调整阶段。由于土地私有和继承的不断分割，农地破碎、零散，降低了农地的利用效率。这一时期的土地整治主要通过有组织、有规划地交换土地、归并地块、调整权属，将原来不适于耕种的农地规划成一定的标准地块，从而治理细碎化，增加耕地面积。

第二阶段是以提高农地生产效率的设施改良阶段。这一时期的土地整治主要在治理细碎化的基础上，配合农水路等基础设施建设，使农田更适合耕作管理和机械化经营。特别是二战后，为了尽快扭转经济秩序的瘫痪状态，缓解匮乏的食物供应，农业发展被置于突出地位。此阶段的土地整治强调农地的生产功能，为了增加耕地面积，大量砍伐生态防护林；扩建灌排水渠道，损害河域景观，直接导致项目区的生态环境的破坏。

第三阶段是以促进农地集约化利用的综合整治阶段。随着城市化进程的加速，农村人口外流严重，村庄凋敝衰退。为了促进城市和农村地区经济社会的均衡发展，土地整治的内涵与功能逐步扩大，增加了村镇改造的内容，以促进农地合理与集约利用。

第四阶段是以体现土地多功能融合的综合发展阶段。由于早期土地整治缺乏生态理念，各地区社会、经济、生态的系统平衡被破坏，这一时期的土地整治转变为生产、生活和生态的全面改善，实现乡村全面振兴与发展，在世界范围内成为人们利用与保护土地资源的重要途径。

表 1-1 国外土地整治的目标与发展

发展阶段	目　标	形　式
权属调整	治理农地细碎化	交换土地、归并地块、调整权属
设施改良	提高农地生产效率	适宜耕作管理和机械化经营
综合整治	提高农地集约利用水平	村庄环境整治
多功能综合发展	土地多功能融合	生态保护、景观保持、乡村振兴

（二）中国土地整治发展

1. 中国土地整理的历史沿革

我国最早的土地整理，可追溯到公元前 1046 年的周朝。西周时期的井田制可被认为是我国古代早期的土地整理，《诗经》中有“十千维耦”和“千耦其耘”，表明当时盛行较大规模的集体耕作，是周朝耕作方法的进步，也使更多的荒地得以开垦为良田。与此同时，还出现了休耕轮作的方法。《周官 · 大司徒》载有不易之田（无须休耕的上等好田）、一易之田（耕作一年休耕一年的一般田亩）和再易之田（耕作一年休耕两年的生荒田），《诗经 · 尔雅 · 释地》解释为“田一岁曰菑，二岁曰新田，三岁曰畬”，表明当时的休耕轮作技术已相当成熟。

春秋战国时期，随着铁犁牛耕技术的发展，大量荒地被开垦为私田，由社会经济领域开始的变法潮流席卷各国，土地整理的重要性进一步为人们所熟知，并从当时地广人稀及立国强国的战略目标出发，提出了较为先进的土地整理的用地比例。据《商君书 · 徕民篇》记载：“地方百里者，山陵处什一，薮泽处什一，溪谷流水处什一，都邑蹊道处什一，恶田处什二，良田处什四，以此食作夫五万，其山陵、薮泽、溪谷可以给其材，都邑蹊道足以处其民，先王制土分民之律也。”这段话的大意是：方圆百里的地方，如果想安置移民，就要先整理土地。用地布局与结果如下：山林、水草沼泽、河流水域、城市及道路各占十分之一，劣质农田占十分之二，优先农田占十分之四，这样就可以安排 5 万个劳动力。除耕地粮食产出以外，加山、林、草、水的自然产出，足可安排5万户居民。这是先辈通过土地整理安排国计民生的范例。

公元前221年，秦灭六国，一统华夏。但秦国不久即亡于农民战争。汉王朝吸取秦朝二世而亡的教训，实行“文景之治”，与民生息，社会生产力迅速恢复，农业技术也有显著的革新。汉武帝时期赵过推广“代田法”，将一亩地分成三甽和三垄，年年互换位置以修养地力，配合便巧的农具实行精细的田间管理，使每亩产量增加60~180公斤。北魏贾思勰《齐民要术》载，魏晋南北朝时期北方旱地的耕耙耱（耕指用犁翻地，耙指在土地上犁出沟洫，耱即碎土）技术成熟，南方水田使用耕耙技术，至今仍是我国农业最主要的耕作技术。

耕作技术发展的同时，先民们也十分注重经验的积累与记录。西汉汜胜之的《汜胜之书》、北魏贾思勰的《齐民要术》、元代王祯的《农书》以及明代徐光启的《农政全书》合称“四大农书”，记载了不少中国农民的智慧与创造。特别是《农政全书》，从农政措施和农业技术两方面入手，重点介绍了开垦、水利、荒政等内容，体现出农本富民的思想，是古代土地整理的集大成之作。

新的农业作物的引进，也有力地促进了土地整理的发展。如唐末五代传入福建、宋代引入长江流域的占城稻，具有耐旱、耐贫瘠、生长周期短、产量高等特点，迅速成为长江流域的主要粮食作物，使得江南地区形成一年两熟至三熟的熟制，也使得宋朝时中国人口突破1亿大关。明末从南洋引进原产自美洲的玉米、甘薯等高产作物，使许多无法种植稻麦的山地丘陵得以开垦。从康熙二十一年（1682）平定三藩之乱到乾隆六十年（1795）史称“康乾盛世”，玉米、甘薯在全国范围内得到大力推广，全国耕地面积扩大了近1倍，至鸦片战争前夕人口数量暴增至4亿，人地矛盾异常尖锐。加上晚清内忧外患、灾害频仍，大量农民失地破产，土地整理更无从开展了。

由此可见，中国土地整理历史悠久、重视实用、记载详细，只是几千年来趋于迟滞，落后于世界产业革命的时代潮流。当产业结构发生急剧变化时，一家一户的小农经济仍是中国农村最主要的生产单位，减缓了土地整理推行的步伐。

2. 中国现代土地整治

中华人民共和国成立初期的土地改革，以实现“耕者有其田”为主要目的；20 世纪 50 年代初开展农业生产合作社下土地整理试点工作，主要内容包括调整用地单位之间、水旱地之间的插花、飞地；合理安排农、林、牧用地，扩大种植面积；调整渠道系统，兴建道路网，改善了土地利用环境条件；1958 年在全国土壤普查基础上进一步开展人民公社土地整理工作，主要包括平整土地、合并田块、兴建新村、整理沟渠和道路，解决了园地利用，提高了农作物的单产和总产；60 年代受自然灾害和“文化大革命”影响，土地整理处于停滞状态；70 年代全国农业学大寨，土地整理转向以基本农田建设为主，以平整土地、合并田块、兴建新村、整理沟渠和道路来组织土地利用。1986 年我国颁布了首部《土地管理法》，提出了土地开发和土地复垦的有关规定。这标志着现代土地整治逐步形成、发展和壮大。现代土地整治的发展主要经过了四个阶段，且不同阶段也表现出差异化的发展特征（杨钢桥，2014）。

（1）1860—1997 年：土地整理的产生阶段

这个阶段经历了从土地开发、复垦的提出到土地整理正式产生。1986 年《土地管理法》提出“十分珍惜和合理利用土地”的方针，全面规划，加强管理，保护、开发土地资源；用地单位或者个人应负责土地复垦，恢复利用。这是我国改革开放以后土地整理产生的标志。1987 年首次全国土地开发经验交流会在辽宁省本溪市召开，会上号召全国积极开发耕地后备资源，保持全国耕地面积相对稳定。1988 年国务院出台《土地复垦规定》，为工矿企业破坏、废弃土地进行复垦提供了法律依据。1997 年，土地整理被正式写入中央文件，首次明确了土地整理的内涵，这标志着我国具有现代意义的土地整理正式产生。同年，中央机构编制委员会办公室批准成立国家土地管理局土地整理中心，土地整理工作的管理机构随之成立。

土地开发、复垦的范围、程序、时间得以明确："在土地利用总体规划确定的土地开垦区内，开发未确定土地使用权的国有荒山、荒地、滩涂从事种植业、林业、畜牧业、渔业生产的，应向土地所在地的县级以上人民政府土地行政主管部门提出申请"①；采矿、挖砂、取土后能够复垦的土地，由用地单位和个人负责复垦；一次性开发600公顷以下的，由县级以上人民政府批准；600公顷以上的，报国务院批准，使用期限最长不超过50年。土地开发、复垦的资金来源也有所明确，主要包括以耕地占用税为主的农业发展基金、用地单位或个人按规定缴纳的造地费和土地复垦费。

土地整理的国际交流也随之开展。1988年，德国巴伐利亚州农林食品部土地整理局和汉斯·塞德尔基金会在山东青州南张楼村开展了"土地整理与村庄革新"试验，是我国第一个土地整理国际合作项目。1989年，山东省组成土地整理代表团赴德国考察学习土地整理、村庄革新的经验，拉开了我国土地整理国际交流的序幕。

（2）1998—2003年：土地整理的全面开展阶段

土地整理的法律地位得以确认，资金来源渠道不断拓展。1998年8月修订的《土地管理法》提出，"国家鼓励土地整理"，奠定了土地整理的法律地位；此外，还实行占用耕地补偿制度，开征耕地开垦费、土地复垦费，从法律上解决了土地整理的资金来源。新增建设用地土地有偿使用费30%上缴中央财政，70%归上缴地方财政。② 上缴中央财政的土地有偿使用费由中央财政安排用于中央确定的耕地开发整理重点项目等。新增建设用地土地有偿使用费和耕地开垦费、土地复垦费共同成为土地整理的资金来源，这为全面开展土地整理提供了稳定的资金保障。

随着首批土地开发整理示范区工作的不断深入，初步建立了土地开发整理项目全程管理的政策法规，对规范、促进土地整理起到了重要作用。首先，土地开发整理项目资金实行预决算管理。项目资金实行专款专用，

① 《中华人民共和国土地管理法实施条例》（国务院令第256号）。

② 《新增建设用地土地有偿使用费收缴使用管理办法》（财综字〔1999〕117号）。

单独核算，不得截留、挪用或挤占。项目资金的开支范围为组织、实施、管理土地开发整理项目发生的各项支出，包括前期工作费、工程施工费、竣工验收费和业主管理费与不可预见费等。① 项目资金由国土资源管理部门负责，财政部门参与项目资金的拨付、监督工作。② 其次，加强和规范了土地开发整理的项目管理。对土地开发整理规划的编制、审批和实施进行管理，编制了首部全国土地整理专项规划《全国土地开发整理规划（2001—2010）》。规划以补充耕地为首要目标，明确土地整理、土地复垦和土地开发三项内容，确定了土地开发整理复垦的10个重点区域、7项重大工程；对竣工验收的依据、标准、内容、单位、程序进行了明确，并强调竣工验收要听取项目区农民群众等方面的意见；建立权属管理的基本要求和程序、土地权属确认和土地权益分配、权属管理保障措施等；逐步形成了土地开发整理项目实施管理的五项基本制度：项目法人责任制、招投标制、监理制、合同制、公告制。最后，出台了首部土地开发整理行业标准《土地开发整理标准》，这是我国第一批土地整理的行业标准，为全面开展土地整理提供了技术保障。

（3）2004—2009年：土地整理的壮大发展阶段

土地整理资金渠道不断扩大，资金规模较大幅度增长，土地整理的重点逐步转移到建设高标准基本农田，提高粮食综合生产能力。③④ 新增建设用地土地有偿使用费征收标准提高一倍，专项用于基本农田建设和保护、土地整理、耕地开发；土地出让收入用于农村的投入，要重点支持基本农田整理、灾毁复垦和耕地质量建设，这些措施大幅度提高了土地出让

① 《关于印发〈土地开发整理项目资金管理暂行办法〉的通知》（国土资发〔2000〕282号）。

② 《财政部国土资源部关于印发〈新增建设用地土地有偿使用费财务管理暂行办法〉的通知》（财建〔2001〕330号）。

③ 《中共中央国务院关于促进农民增加收入若干政策的意见》（中发〔2004〕1号）。

④ 《中共中央国务院关于进一步加强农村工作提高农业综合生产能力若干政策的意见》（中发〔2005〕1号）。

收益、耕地占用税新增收入用于农业土地开发和农村基础设施建设的比例，土地整治的资金向重大工程和粮食主产区、粮食主产县、基本农田保护区倾斜。同时，还鼓励农民和社会力量投资现代农业，对农户投资投劳兴建直接受益的生产生活设施，政府提供适当补助。

土地整理的技术体系更加完善。颁布了《土地开发整理项目预算定额标准》（2005 年执行），为土地开发整理项目预算定额的编制和管理工作提供了依据。各地开始编制《土地开发整理工程建设标准》并陆续颁布施行，合理确定土地开发整理建设内容和建设标准，划分土地开发整理工程类型区，构建不同类型区下的土地开发整理工程模式，以实现对土地开发整理工程建设的分区、分类管理。

随着“新农村建设”战略的提出，土地整理的内涵与外延逐步拓展，为“土地整治”的提出奠定基础。为推进新农村建设、调整城乡建设用地布局、改善农村人居环境，农村建设用地整理成为重要内容之一，城乡建设用地增减挂钩试点工作开始启动；围绕重点工程开展的“耕作层剥离”和“移土培肥”工作，成为土地整理的又一重要内容，① 对保护耕地特别是表土资源起到了重要作用；缓坡丘陵地、盐碱地、荒草地等未利用地综合开发，也积极推进，对改善环境、发展现代农业、提高农民收入具有重要意义。2008 年以来，国土资源部、财政部联合推进“土地整理重大工程实施和示范省建设”取得了显著成效，广东省实施以旧城镇、旧村庄、旧厂房改造为主要内容的“三旧”改造、重庆的“地票”交易敲响第一槌，这些实践探索作为节约集约用地示范省建设的重要任务和政策创新，对积极推进城乡建设用地整理起到重要作用。为了对土地整理、土地复垦、土地开发和城乡建设用地整理的范围进行统一，2008 年十七届三中全会《中共中央关于推进农村改革发展若干重大问题的决定》提出：“大规模实施土地整治，搞好规划、统筹安排、连片推进。”这是在中央层面第一次正

① 《关于进一步加强土地整理复垦开发工作的通知》（国土资发〔2008〕176 号）。

式提出“土地整治”，开启了土地整治发展新纪元。

（4）2010 年至今：土地整治的完善规范阶段

土地整治的概念、内容、目标得以明晰，其地位得到进一步提升。土地整治主要包括农用地整治、农村建设用地整治、城镇工矿建设用地整治、未利用地开发、土地复垦，① 其中农用地整治和农村建设用地整治是重点内容。农用地整治的目标是大力建设高标准农田，提高高产稳产基本农田比重，实现耕地数量、质量和生态管护的统一。农村建设用地整治的目标是按照城乡统筹发展要求，规范开展农村建设用地整治，自然资源部拟部署开展全域土地综合整治试点工作，到 2020 年，全国试点不少于 300 个；② 规范开展深度贫困地区城乡建设用地增减挂钩节余指标跨省域调剂，确保挂钩试点规范、健康、有序开展③。土地整治由自然性工程转变为综合性社会工程，已成为保发展、守红线、促转变、惠民生的重要抓手和基础平台，已成为国家层面的战略部署。

土地整治资金来源不断拓宽，管理更加规范。以新增建设用地土地有偿使用费、用于农业开发的土地出让收入、耕地开垦费、土地复垦费等为主体，引导和聚合相关涉农资金，投向土地整治重点区域、重大工程和示范建设项目，发挥土地整治资金的规模效益；社会资本参与土地整治的政策逐渐完善④；随着《土地开发整理项目预算定额标准》（2012 年执行）的重新修订，进一步夯实了土地整治项目预算资金管理的基础；“土地整治工作专项”的设置，将新增建设用地土地有偿使用费由政府性基金预算调整转列为一般公共预算，且地方财政部门也要在一般公共预算中安排专项资金用于保障土地整治和高标准农田建设，并将耕地保护和土地整治监

① 《全国土地整治规划（2011—2015 年）》。

② 《自然资源部关于开展全域土地综合整治试点工作的通知》（自然资发〔2019〕194 号）。

③ 《自然资源部关于印发〈城乡建设用地增减挂钩节余指标跨省域调剂实施办法〉的通知》（自然资规〔2018〕4 号）。

④ 《关于进一步鼓励和引导民间资本投资国土资源领域的意见》（国土资发〔2012〕100 号）。

管等工作经费列入部门预算,① 并形成《土地整治工作专项资金管理办法》（财建〔2017〕423 号），有利于更好地保障土地整治和高标准农田建设的资金需求；建设用地增减挂钩政策经历了从县域内试点，到省域内流转助推脱贫攻坚，为脱贫攻坚在国家财政转移支付之外开辟了新的资金来源（薛萍，2019）。

重视土地整治标准化和信息化建设。颁布了十几项土地整治的国家及行业标准，如：《土地整治项目规划设计规范》（TD/T 1012-2016）、《土地整治工程建设标准编写规程》（TD/T 1045-2016）、《土地整治权属调整规范》（TD/T 1046-2016）、《省级土地整治规划编制要点》（2012）、《市（地）级土地整治规划编制规程》（TD/T 1034-2013）、《县级土地整治规划编制规程》（TD/T 1035-2013）、《土地整治重大项目可行性研究报告编制规程》（TD/T 1037-2013）、《土地整治项目设计报告编制规程》（TD/T 1038-2013）、《高标准基本农田建设标准》（TD/T 1033-2012）、《高标准农田建设通则》（GB/T30600-2014）、《灌溉与排水工程设计标准》（GB 50288-2018）、《土地整治项目工程量计算规则》（TD/T 1039-2013）、《土地整治项目制图规范》（TD/T 1040-2013）、《土地整治项目验收规程》（TD/T 1013-2013）、《土地整治工程质量检验与评定规程》（TD/T 1041-2013）、《土地整治工程施工监理规范》（TD/T 1042-2013）、《土地开发整理项目预算定额标准》（2012）、《美丽乡村建设指南》（GB/T32000-2015）、《土地复垦质量控制标准》（TD/T 1036-2013）、《暗管改良盐碱地技术规程 第 1 部分：土壤调查》（TD/T 1043. 1-2013）、《暗管改良盐碱地技术规程 第 2 部分：规划设计与施工》（TD/T 1043. 2-2013）等，这些标准使土地整治的标准化建设更为完善；制定并颁布了《全国土地整治规划（2011—2015 年）》和《全国土地整治规划（2016—2020 年）》，是开展土地整治活动的基本依据和行动指南；出台了土地复垦条例及其实施办法

① 《关于新增建设用地土地有偿使用费转列一般公共预算后加强土地整治工作保障的通知》（国土资函〔2017〕63 号）。

等法规，使土地整治有法可依，有标准规范可循。土地整治项目全面全程监管为目标的信息平台已基本形成，为实现土地整治项目网上监管奠定了技术基础和数据基础，对提高土地整治管理水平和监管效率，促进土地整治持续、健康发展具有重要作用。

三、土地整治的类型

按照土地权属、区域、内容和分项工程的不同，土地整治可以分为以下几个类型（卢新海等，2011）。

第一，按权属划分，土地整治可以分为土地所有权整治和土地使用权整治。顾名思义，土地所有权整治即针对土地所有权的调整行为，以私有制国家为主；我国土地整治大部分为土地使用权的调整，较少涉及土地所有权的调整。

第二，按区域划分，土地整治可以分为城市土地整治和农村土地整治。城市土地整治，也称市地整治，是对城市范围内低效存量建设用地的优化配置活动，主要包括城镇低效用地再开发、旧工矿改造、城乡结合部土地整治等类型。农村土地整治是我国现阶段的重点，指对田、水、路、林、村、乡镇企业及其他零星土地采取综合治理和调整措施。

第三，按内容划分，土地整治可以分为农用地整治、建设用地整治、土地开发、土地复垦。

农用地整治在以农用地为主的区域，指在一定区域内，依据土地利用总体规划，采取行政、经济、法律和技术手段，对田、水、路、林、村等综合整治，调整土地关系，改善土地利用结构和生产、生活条件，增加可利用土地面积，提高土地利用率和产出率。建设用地整治是以提高土地集约利用为主要目的，采取一定的技术手段，对利用率不高的建设用地进行综合治理的过程，主要包括农村建设用地整治和城镇工矿建设用地整治。土地复垦是对生产建设活动和自然灾害损毁的土地，使其达到可供利用状态的活动。土地开发是对宜耕后备土地资源采取整治措施，主要针对具有潜在开发价值的土地的改造，以增加耕地面积，改善生态环境。

第四，按分项工程划分，土地整治可以分为土地平整工程、灌溉与排水工程、田间道路工程、农田防护与生态环境保持工程、村庄整治工程和其他工程。

土地平整工程对布局不合理、零散的田块进行集中归并和权属调整，以增加耕地面积、保护和提高耕地质量、方便灌溉和扩大机械面积比例，加快农业现代化、规模化发展。灌溉与排水工程是指在对洪、涝、旱、渍、盐、碱等进行综合治理和水资源合理利用的原则下，对水土资源、灌排渠系统及其建（构）筑物等进行的改造。田间道路工程指建设为农业生产服务的田间道路和生产路。农田防护与生态环境保持工程指为保障土地利用活动安全，保持和改善生态条件，防止或减少污染、自然灾害等所采取的各种措施。村庄整治工程的规划设计，主要包括对农村居民生活和生产的聚居点的整顿和治理。

第二节　土地整治权属调整的概况

一、土地整治权属调整的概念与目标

（一）土地整治权属调整的概念

土地整治的核心是土地利用关系的调整，包括土地所有权、使用权、承包经营权、他项权利等多种权属关系的调整，涉及土地权益人的利益分配，关系到农村社会的安定与团结，直接影响到整治区土地利用结构的优化、土地利用效率的提升和现代农业规模化与产业化发展，决定着土地整治的成败（国土资源部，2010）。

权属调整是土地整治工作不可逾越的重要环节，其概念是按照土地整治项目的规划设计方案，对低效和不合理利用的农地进行地块合并和产权调整，提高农地的利用效率，为土地规模化和产业化经营创造条件。理解这一概念，可以从狭义和广义两方面着手。

从狭义上来看，土地整治权属调整是指土地整治过程中涉及的土地所有权、土地使用权以及在其上设定的他项权利的调整、确认以及变更登记的行为。① 随着农村土地产权制度改革与发展，土地整治权属调整的类型也不断拓展。中办国办印发《关于完善农村土地所有权承包权经营权分置办法的意见》，将土地承包经营权分为承包权和经营权，实行所有权、承包权、经营权分置并行。土地整治权属调整的范围由“土地所有权、土地使用权、土地他项权利”调整为“土地所有权、农地使用权、土地承包经营权、建设用地使用权、土地他项权利”这五个部分。②

从广义上来看，土地整治权属调整是对零星、分散地块整理归并中的权属调整，一方面通过工程技术手段改造土地物理属性，促进零星、分散地块集中连片；另一方面是在改变地块地形地貌自然特征的基础上进行地权的变更与转换，两者是相辅相成，不可分割。因此，现有研究比较一致的观点（吴诗嫚等，2016；文高辉和杨钢桥，2019；张东丽等，2020；汪文雄和刘志强，2019）在于，土地整治权属调整是对土地利用空间配置和土地利用内部要素进行重新组合的手段，不仅包括地块权属的变更，还包括零星、分散地块整合的过程，是土地平整工程与产权调整工作的集合。本书对土地整治权属调整的界定也是基于广义的视角。

（二）土地整治权属调整的目标

长期以来，我国土地利用细碎化问题突出，不利于现代农业的发展。土地整治通过地块平整、归并和产权互换，实现地块接连成片与地权集中，有效治理耕地细碎化。因此，治理耕地细碎化成为土地整治权属调整最重要的目标。

（1）降低土地细碎化，提高耕地利用效率

① 《湖北省土地整治项目土地权属调整管理办法》（鄂土资发〔2011〕33 号）。

② 《土地整治权属调整规范》（TD/T 1046-2016）。

耕地破碎、零散会导致田埂增多、块均耕地面积减小。土地整治权属调整以耕作地块为单位，填埋坑塘水面及废弃沟渠、平整田埂、归并零散破碎地块为大斑块区域等措施，可以有效减少田埂数量，再开发低效用地，提高耕地的利用效率。

（2）降低土地细碎化，减少农业生产成本

耕地破碎、零散会导致地块数量增加，地块之间的距离增加。土地整治权属调整通过减少地块数量和缩短地块之间的距离，提高农业生产通达性与便捷性，节省农业劳动时间和灌溉成本，减少农业生产成本。

（3）降低土地细碎化，为农业适度规模化经营创造条件

耕地破碎、零散不利于机械化耕种，不利于现代农业规模化和产业化经营。土地整治权属调整通过土地平整工程和“小块并大块”，改善农田宜机化条件，促进农户的农业机械投入，为农业适度规模化经营创造条件。

二、土地整治权属调整的类型

土地整治权属调整的类型包括土地所有权、农地使用权、土地承包经营权、建设用地使用权、土地他项权利的调整、确认以及变更登记。

根据《土地整治权属调整规范》（TD/T 1046-2016），土地所有权权属调整主要是集体与集体间土地所有权调整；农地使用权权属调整指土地整治后新增耕地和其他农用地使用权权属调整，常见于“四荒”地开发和农户自留地使用权调整；土地承包经营权权属调整指国有或农村集体土地承包经营户之间的权属调整，在实践中最为常见；建设用地使用权权属调整指城市国有土地使用权、农村集体建设用地使用权、工矿用地和交通用地等其他建设用地使用权的调整；土地他项权利调整指土地抵押权、租赁权等他项权利的调整。

三、土地整治权属调整的实施主体

土地整治权属调整工作主要以行政村、乡镇政府、县（市）国土资

源局、村民小组等主体承担。为了提高土地整治项目的实施绩效，国家和地方大力推进项目实施主体创新。除传统的地方政府主导模式外，各地在实践也涌现出新型农业经营主体主导模式。地方政府主导模式指土地整治从项目立项阶段、规划设计阶段和施工阶段都由相关政府部门来监督和完成，是一种以行政管理为主的“自上而下”的实施模式（刘志强，2020）。新型农业经营主体主导模式按照“政府主动引导、社会积极参与、政策加以保障”的原则，① 引导农民合作社、家庭农场、农业企业等新型经营主体以“以奖代补”的方式②自行筹集资金开展土地整治项目建设，是一种“自下而上”的土地整治实施模式（张超正和杨钢桥，2018）。

四、土地整治权属调整的原则③

（1）依法依规的原则

土地整治权属调整工作是对土地权益人利益的重新配置，十分敏感，事关农村社会的稳定与团结。因此，土地整治权属调整工作必须按照法律程序，在权属现状踏勘、权属意愿调查、权属调整前后土地质量评价、权属分配、确权登记等各方面都遵循法律规定实施，保护土地权益人的合法权益不受侵犯。

（2）公平公正公开的原则

土地整治权属调整涉及的利益主体多元。在利益重新分配的过程中，利益主体间往往容易产生利益博弈与纠纷。因此，实施主体必须遵循公平公正公开的原则，摸清土地权属现状，尊重原有的产权关系；依法实行公告制度，尊重土地权利人意见；科学评估土地质量，按市场经济合理编制土地权属调整分配方案，才能兼顾多元主体的利益诉求，避免利益矛盾与

① 《全国土地整治规划（2016—2020 年）》。

② 《关于开展“以奖代补”土地整治项目建设的通知》（鄂土资函〔2017〕1191 号）。

③ 《土地整治权属调整规范》（TD/T 1046-2016）。

冲突。

（3）自愿、公众参与的原则

土地整治权属调整直接关系着广大农民群众的切身利益。因此，土地整治权属调整应按照政府引导、村组协调、农民自愿的要求实施，尊重土地权利人的意愿，保护其合法的土地权利不受侵犯。同时，土地整治权属调整的顺利实施离不开农民群众的参与和支持，在项目立项阶段，农户通过村民大会的形式投票表决权属调整意愿；在项目规划设计阶段，农户需要签字同意土地权属调整项目施工协议书；在项目施工阶段，农户对建设工程进行监督，并签订土地权属调整协议，因此，坚持公众全过程的参与，是项目顺利实施的重要条件。

（4）土地适度集中的原则

破解耕地细碎问题是土地整治权属调整的主要目标，因此，在权属调整过程中，应按照“统一规整、便于管理、就近归并、集中连片、方便生产生活”等要求，尽量减少飞地、插花地和地块数量，将零星分散的田块调整集中，使同一权属主体的地块集中连片，方便农户管理和机械化作业，为土地适度规模经营和现代农业发展创造条件。

五、土地整治权属调整的工作内容

参考《土地整治权属调整规范》，总结土地权属调整的工作内容。①土地权属调整贯穿土地整治项目的全过程。从土地整治项目立项阶段来看，权属调整包括以下工作内容：通过土地登记、实地探勘来查清土地的权属现状；明确整治区土地权属的性质、主体、数量、界限和有无权属纠纷，存在权属纠纷的，应按照有关规定调处解决，一时不能解决的，不列入整治范围（国土资源部，2010）；权属调整的实施主体应组织农户，开展土地权属调整意愿调查，经 2/3 以上土地权利人同意，形成土地权属调整原则性意见，否则，退出权属调整程序。将土地权属调整原

① 《土地整治权属调整规范》（TD/T 1046-2016）。

则性意见进行公告，公告无异议的，报请县级以上人民政府批准，存在异议的，由乡镇政府、村委会协商解决；一时不能解决的，不列入整治范围。

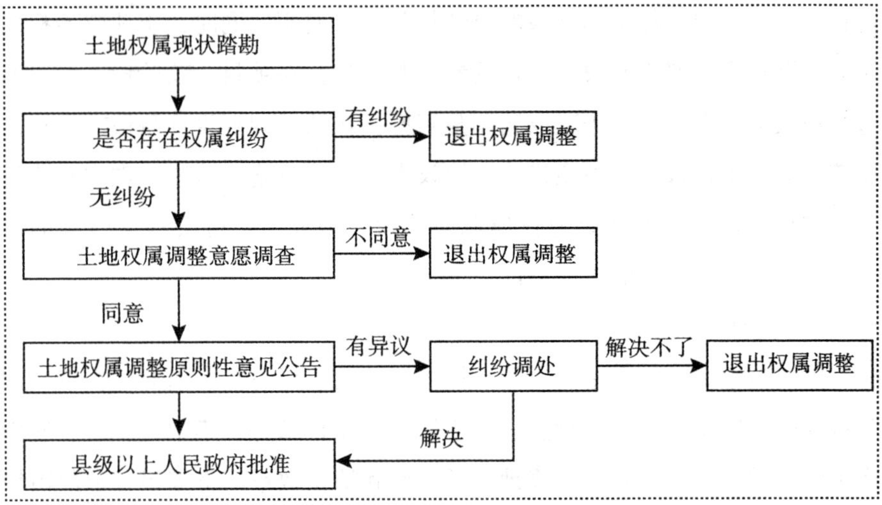

图 1-1　土地整治项目立项阶段的权属调整工作内容

从土地整治规划设计阶段来看，权属调整包括以下工作内容：查清土地利用现状，对田块（宗地）进行测量，对现状土地质量进行评价，形成土地权属调整现状图和土地平整工程规划（土地平整应实现田块集中、耕作田面平整，耕作层土壤理化指标满足作物高产稳产要求），明确权属调整方式、方法，经实施主体与土地权利人确认后签订土地权属调整项目施工协议书。

从土地整治施工阶段来看，按照规划设计方案进行施工，对竣工后土地质量进行评价，按照评价结果编制土地权属调整分配方案，对方案进行公告，公告无异议的，报请县级以上人民政府批准，组织签订土地权属调整协议，落实土地权属调整方案，形成调整后的土地权属调整图件，由土地权利人签字确认后，编写土地整治权属调整报告，如公告存在异议的，

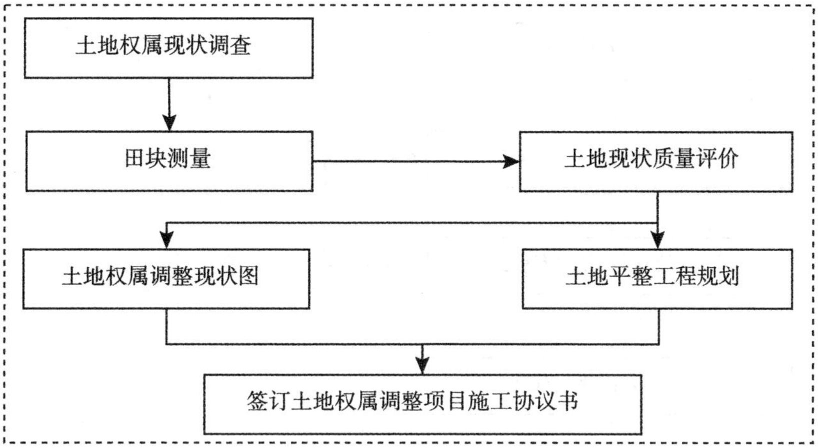

图 1-2　土地整治项目规划设计阶段的权属调整工作内容

则需要修改土地权属调整分配方案，再重新走程序；土地权利人向县级以上人民政府相关部门办理土地权属变更登记手续，获取相应的土地权利证书。

六、土地整治权属调整的要点

（1）土地产权清晰是权属调整顺利实施的基础

土地整治权属调整工作首先要在没有土地权属纠纷的前提下实施。土地权属调整的工作流程中规定，在土地整治立项阶段的土地权属调整踏勘工作，就是要查清土地的权属现状，存在权属纠纷不能调处解决的，退出土地整治范围。因此，土地整治前要查清土地的权属、数量、质量、用途、界址等信息，并将信息登记造册，使图、数、表保持一致，这些工作是土地整治项目顺利实施的基础与保证。

（2）尊重农户的意愿是权属调整顺利实施的根本

从土地整治权属调整的类型来看，土地承包经营权调整是主要的方面，土地权属调整工作的利益主体绝大部分是农户，因此尊重农户的意愿，保护农户的利益是土地权属调整工作的根本原则。土地权属调整的工

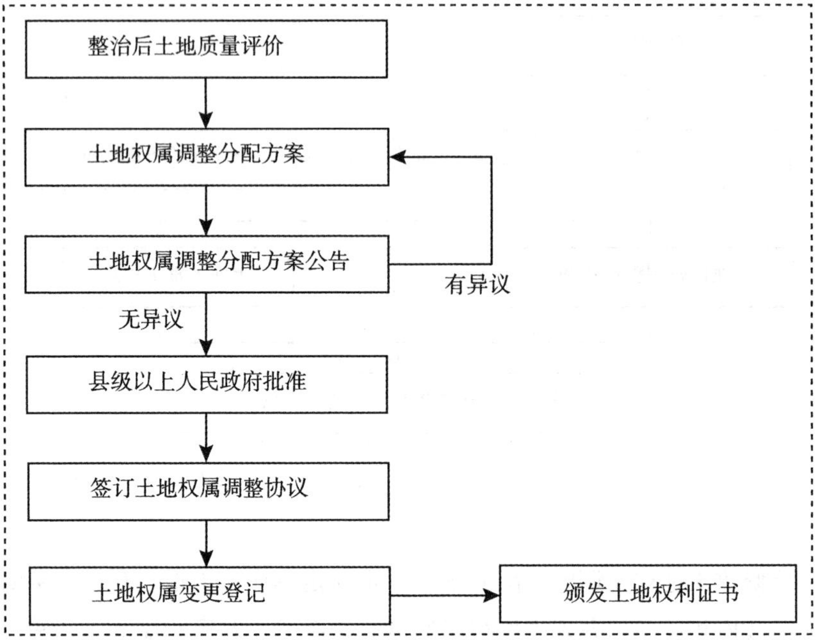

图 1-3 土地整治项目施工阶段的权属调整工作内容

作流程中规定，土地权属调整意愿调查、土地权属调整项目施工协议书、土地权属调整分配方案都必须有 2/3 以上土地权利人同意，否则退出权属调整程序。因此，土地权属调整的实施过程应最大限度地尊重广大农民群众的意见，遵循当地风俗习惯和村规民约，取得农民群众的支持和同意，这是土地整治项目顺利实施的核心和关键。

（3）提高土地权利人收益是权属调整顺利实施的动力

土地权属调整的目的是治理耕地细碎化，提高耕地利用效率，减少农业生产成本，为农业适度规模化经营创造条件。农户作为土地整治项目的最终受益者，只有让农户切实获得土地权属调整带来的这些收益，才能确保土地权属调整工作得到民众的拥护和支持。因此，着力将土地整治权属调整与降低土地细碎程度联系起来，直接关系到土地整治的最终成效。

第三节　土地整治权属调整的动力机制、实施效果与管控政策研究概述

一、问题的提出与研究意义

通过上文的分析和阐释可知，土地整治通过地块平整、归并和产权互换，实现地块接连成片与地权集中，有效治理耕地细碎化并促进农地规模经营，已成为破解土地资源瓶颈、推动农业发展转型、确保国家粮食安全、实现乡村振兴战略的基础平台和关键突破口，成为农村经济发展的必然要求（田孟和贺雪峰，2015；郧文聚，2015；Yan et al，2015；Long，2017；Uyan et al，2013；Hartvigsen et al，2013；Pašakarnis and Maliene，2010；吴次芳等，2011；Cay and Uyan，2013；刘新卫，2017；叶艳妹，2017）。

然而，国土资源部（2010）对推行十年来的全国土地整治工作进行调查，发现土地权属调整涉及的项目比例较高，占 41.11%，但土地所有权、使用权、承包经营权调整面积比例较低，分别为 5.47%、2.83% 和 14.92%。我国土地整治项目开展权属调整面积比例较低、调整范围有限，多数项目主要是进行农田水利设施建设和田间道路建设，土地平整和田块归并较少。由此可见，我国当前土地整治仍囿于土地本身，单纯以工程技术手段改造土地物理属性，难以触及对土地产权关系重新调整这一深层次的问题，土地整治权属调整的实施效果偏离了政策目标，权属管理政策亟须创新与完善（严金明等，2016）。

土地整治权属调整是在政府主导下对农地进行地块合并和产权调整的过程，实质上是为了公共利益的需要，对土地权利人财产关系与利益关系的重新配置，是一项政策性强、涉及面广、利益敏感的社会行为。由于我国农地产权制度缺陷、土地整治立法空白和民主制度不完善，在土地整治权属调整的实施过程中缺乏有效的公权力干预机制及农民参与程序，政府

以行政手段广泛而深入地介入产权调整过程，未能以农民为核心、统筹兼顾利益主体的多元需求，继而引发社会冲突，阻碍权属调整的顺利实施（严金明等，2016；罗必良，2014；冀县卿和钱忠好，2009；赵翠萍，2009；吴诗嫚等，2016；吴九兴和杨钢桥，2014；王瑷玲等，2017）。在当前土地整治权属调整工作运行不畅的情况下，这些社会冲突被掩盖和回避，未得到充分重视。集中连片、全面推进土地整治，是我国乡村振兴发展的必然趋势，也是解决“三农”问题的有效途径（Haldrup，2015；Tang et al，2015；Muchová et al，2016；Kupidura et al，2014；项晓敏和黄贤金，2017）。政府在大力推进的过程中，一旦忽视农民的利益保护，被掩盖的社会冲突将集中凸显，极易引发土地政治危机（Long et al，2012；杨磊和郧文聚，2014；胡昱东和吴次芳，2009；刘建生等，2013，王瑷玲等，2017；郧文聚，2011）。

因此，深入开展土地整治权属调整的动力机制、实施效果与管控政策研究，把坚持农民主体地位、增进农民福祉作为出发点和落脚点，促进土地整治由“以地为本”向“人地协调”转变，从而提高土地整治的实施效率，直接关系到经济发展、社会和谐和国家稳定，具有重要的研究意义。

第一，完善土地整治权属调整的理论研究。本书以“人地协调”为核心理念，以土地整治实施效果最大化为研究目标，以农民利益保护为研究重点，在理清权属调整的动力机制的基础上，揭示权属调整的实施现状与农户行为规律。报告研究成果将体现科学理论对现实世界的解释力，拓展可持续生计理论、期望效用理论、博弈论的应用领域，丰富土地整治学科的研究内容，具有重要的学术价值。

第二，有利于推动土地整治权属管理制度改革。将报告理论成果作为土地整治权属管理制度改革的重要导向和决策依据，有利于实现管理决策的科学化和规范化，进一步完善制度环境、优化制度结构、提升制度绩效；对规范与指导土地整治权属管理的实践工作，减少土地权属争议，维护农村社会稳定，提高土地整治效率具有重要的现实意义。

二、国内外研究进展

国内外关于本书所涉及的主题与内容，大致沿着以下三条主线展开：第一条主线是对土地整治权属调整的权属问题进行归纳；第二条主线是对土地整治权属调整的权属管理进行分析；第三条主线是对土地整治权属调整的农户权利保护进行梳理。

（一）土地整治权属调整的权属问题

1. 国外土地整治权属调整的权属问题

（1）土地整治权属调整的实施背景

农地私有制和继承法导致农地无限制细分和无效益占有，16 世纪中叶德国率先开展“土地整理”（Land Consolidation），并逐渐扩展到荷兰、丹麦、比利时、奥地利、法国、俄罗斯等欧洲各国，通过土地合并与产权调整改善了耕地细碎化现状，从而达到推行机械耕种、促进农地规模经营、提高单位面积产量和增加农民收入的目的（Hartvigsen et al，2013；Chartin et al，2013）。借鉴欧洲土地整理经验，日本开展“耕地整理”（Farm Land Adjustment），在不触动土地所有权的条件下，将分散的属于同一个承租农户的田块，合并成规模较大的耕地，以改善承租农户的土地经营条件，有效促进了现代农业的快速发展（Ishii and Okamoto，2002）。

（2）土地整治权属调整的权属问题

国外土地整治权属调整的权益问题可总结为权属调整前、中、后三个方面。

①调整前的权益问题在于如何取得土地权利人的同意和支持，保证权属调整的顺利开展。德国《土地整理法》规定，在半数以上土地权利人的支持下，理事会、政府、农业协会等共同负责权属调整的实施（陈晓军，2012；伍黎芝，2005）。日本《耕地整理法》规定，在符合全体土地权利人意愿的情况下，由耕地整理合作组织负责农地的合并与权属变更工作（Ishii and Okamoto，2002；陈晓军，2012；王宇和邵孝侯，2008）。

②调整中的权益问题在于如何制定科学合理的权属管理政策，实现土地产权互换的公平、公开、公正（Hartvigsen et al，2013；Chartin et al，2013）。权属调整过程中要经历大规模的地块分合、权属重新调整和分配，制定科学合理的权属管理原则、程序、内容、方法、模式，才能实现土地合并、田块规整、土地分配的公平、公开、公正，从而保护土地权利人的合法权益。

③调整后的权益问题在于如何确认新的土地产权关系，提高权属调整的社会满意度。权属调整实施后，地块的形状、面积、位置、权属都发生了变化，确定新的土地产权关系以及做好新产权关系所引发的权属争议与纠纷调处工作，是取得较高社会认可度的关键（Noort，1987）。

2. 国内土地整治权属调整的权属问题

（1）土地整治权属调整的实施背景

国内耕地细碎化的成因，理论上存在两种观点：供给面的解释和需求面的解释（吕晓等，2011；Bentley，1987；Blare et al，1992）。由于人多地少而引起的土地相对稀缺（李建林等，2006）、家庭联产承包责任制的确立导致共有产权的瓦解等供给面因素（许庆等，2008），与农地按人口均质化分配的需求面因素（谭淑豪等，2003），共同导致耕地呈现分散化、细碎化的特征（吕晓等，2011）。

虽然在农业生产高风险、人地比例高尤其存在大量剩余劳动力等特定的条件下，耕地细碎化具有一定的合理性（Bentley，1987；Blare et al，1992；Fenoaltea，1976；许庆等，2008；李功奎和钟甫宁，2006；吴洋等，2008），但更多学者发现耕地细碎化对规模经济、粮食生产效率、生产成本等方面的负面效应更为严重（田传浩等，2005；王秀清等，2002；Tin et al，1996；刘涛等，2008；张尹君杰和卓建伟，2008；桂华，2010；贺雪峰等，2003；谭淑豪等，2006）。

在中国目前城乡二元经济体制下，农民内部通过市场调整合并地块的作用较为有限，农地流转对降低中国耕地细碎化程度没有显著影响（王兴稳和钟甫宁，2008；谭淑豪等，2003；田传浩等，2005；钟甫宁和王兴稳，

2010)，学者开始广泛关注土地整治对耕地细碎化的治理作用。21 世纪初，在各级政府的积极推动下，各地陆续开展土地整治，通过权属调整实现“田成方、路成框、树成行、沟成网”的新型农业生产布局，成为治理耕地细碎化、促进农业现代化的重大战略举措（田孟和贺雪峰，2015；顾宜，2010）。

（2）土地整治权属调整的权属问题

国内土地整治权属调整实施过程中的权益问题可以归纳为法律法规、管理制度、技术支撑和实践工作等方面。

①法律法规方面的权益问题在于如何坚持农民的主体地位，改变行政命令随意变更土地权属界限和调整土地产权客体的行为（孟宪素和高世昌，2008）。农地产权制度缺陷、土地整治立法空白使政府以行政手段广泛而深入地介入农地产权互换，在不同程度上存在以行政管理权替代土地产权进行权属调整的现象，忽视了农民的主体作用，极易损害农民的利益(王占鳌，2013；冀县卿和钱忠好，2009；罗必良，2014)。

②管理制度方面的权益问题是土地纠纷调处办法缺失、土地分配政策不明、公众有效参与不足、调整程序过于简单化。由于权属管理制度缺陷和民主制度不完善，产权主体间权属争议复杂，缺乏有效的纠纷调处办法；在土地分配阶段，是按村内现有人口数，还是按原有产权人或使用权人数进行分配，缺乏政策明确规定；调整过程往往由政府“自上而下”主导实施，是政府意志的体现而非是农民主体的需求，导致公众参与程度较低（严金明等，2016)；当前实践中还未形成一套完整的规范，操作程序过于简单化，一些地方工作方法粗放，甚至强制推行，影响农村社会稳定。

③技术支撑方面的权益问题主要是权益量化方法缺乏专业技术规范，农地价值难以显化。实际操作过程中缺乏详细又具备地方弹性的权益量化技术标准和规程，且技术力量较为薄弱，只能采用简单的农地质量评估方法，如四川省、新疆维吾尔自治区的“亩产量+距离因素”法，广西壮族自治区的农用地分等定级法，湖南省的专家打分法（孟宪素和高世昌，

2008），容易产生土地权利人的权益纠纷，甚至还有不少省份在权益量化时仍通过协商方式，使权属调整和利益分配的公平性受到挑战。

④实践工作方面的权益问题是权属调整工作开展不畅，土地整治未实现绩效最大化，造成社会整体利益受损（Wu et al，2005；田孟和贺雪峰，2015）。国土资源部（2010）对推行十年的全国土地整治工作进行调查，发现权属调整运行不畅问题突出：调整面积比例较低、调整范围有限，土地整治仍处于"零星、分散、小规模选点"建设阶段，未形成"集中连片、全面推进"的趋势，严重制约了土地整治功效的发挥。

（二）土地整治权属调整的权属管理

1. 国外土地整治权属调整的权属管理

国外学者主要从市场机制、权益量化方法、权属登记等视角对整治前、整治中和整治后的权属管理内容进行研究：

①农户是土地市场的主体，通过市场交易方式优化土地资源的配置。在农地私有制的背景下，依据土地整治的法律法规，赋予农民完善的土地权能，通过市场机制的基础性调节作用进行产权互换（Niroula and Thapa，2005；Thapa and Niroula，2008；陈晓军，2012；王宇和邵孝侯，2008；刘宪法，2011）。一旦个体利益与公众利益产生矛盾时，充分考虑土地权利人的利益诉求，始终坚持将土地权利人的个体利益与社会利益相互协调，以取得较高的社会可接受性和满意度（Noort，1987）。

②基于等值概念的土地价值交换的权益量化方法，实现公平的产权互换。发挥价格机制的作用，基于等值概念的土地价值交换权属调整方法，实现土地要素的优化配置（Cay et al，2010；Cay and Iscan，2011；Uyan et al，2013；Cay and Uyan，2013；Lisec et al，2014；伍黎芝，2005）。

③全面的地籍测量等权属更新登记工作，保证了农户权属资料的现势性。农地合并后形成了新的土地产权关系，地块的形状、面积、位置、权属都相应发生了改变，通过全面的地籍测量进行权属更新登记工作，是新的土地产权关系成立后权属管理的重点内容（Muchová et al，2016）。

2. 国内土地整治权属调整的权属管理

国内学者从法律法规、管理政策、技术支撑和实践工作等方面进行权属管理研究：

①加快土地整治的法律建设，以土地产权保护为重点，运用市场化手段实施产权互换，控制和限制行政管理权随意变更土地产权客体的行为，保证权属管理的顺利实施（郧文聚，2011；余振国和吴次芳，2003；王占骜，2013）。

②提出健全土地权属纠纷调处办法，加强公众的有效参与，构建农户的利益驱动机制，推进调整后经营模式创新等权属管理的改进措施（胡昱东和吴次芳，2009；刘建生等，2013；王瑷玲等，2008；欧雪娇，2013；秦昆，2014；刘彦随等，2010；陈晓军，2012；汪文雄等，2015）。

③理论上学者探讨农地价值评估方法，保证权属调整的公平。刘雪冉（2010）利用 Logistic 模型，确定耕地价值折算系数法和构建农户选择田块的优化模型；关江华（2008；2010）运用主成分回归得出权属调整的自然影响因素、农户行为因素、社会经济因素、制度政策因素，并在影响因素的基础上建立"驱动因素价值指数法"，对农地价值进行评估。

④引导农户自发进行权属调整实践，如广西龙州县的"小块并大块""结对并地"和新疆玛纳斯县的"互换并地"等，"自下而上"充分发挥农户的主体作用，推动权属调整的顺利实施，使土地整治成效显著（杨磊和郧文聚，2014；刘彦随，2010；卢燕霞等，2012；张蚌蚌和王数，2013）。

（三）土地整治权属调整的农户权利保护

1. 国外土地整治权属调整的农户权利保护

国外土地整治权属调整实践开展较早，而且十分注重发挥农户的主体作用，对权属调整过程的农户权利保护研究主要集中在农户的利益驱动行为和农户参与行为两个方面。

①农户的利益驱动行为。在农地私有制的背景下，发挥土地产权的排

他效力与绝对效力，通过构建利益驱动机制，引导农户在市场机制下进行农户产权的交易。在个体利益与公众利益发生矛盾的情况下，Noort（1987）指出荷兰土地整理的实施始终坚持将土地所有者的个体利益与社会利益相互协调，充分考虑土地所有者的利益诉求，这也是土地整理实践效果取得较高的社会可接受性和满意度的本质原因。

②农户的参与行为。主要从农户参与的理论与方法、农户参与的现状及特点等方面进行研究。德国《土地整理法》规定农地合并与产权调整的实施由理事会（土地权利人共同组成的“参加者联合会”通过民主选举产生的权利代表机构）、政府、农业协会等公共利益代表机构共同负责（Wei，1999；贾文涛和张中帆，2005）。日本《耕地整理法》规定由耕地整理合作组织负责农地合并工作，充分吸纳各社会阶层参与项目实施及项目资金的筹集、成本分摊及收益分配等（Sorensen，2000；Nagamine，1986；王瑰琦，1998）。因此，国外权属调整涉及的利益主体非常广泛，其核心利益主体主要包括政府、农民合作组织和农户等（陈晓军，2012）。在权属调整的过程中，方方面面的利益诉求都要予以充分考虑，以实现土地整理绩效的最大化；各利益主体按照贡献程度公平分享土地整理的实施收益，这是国外土地整理实践取得较高社会认可度和满意度的本质原因（Tang et al，2015；Muchová et al，2016；Niroula and Thapa，2005；Thapa and Niroula，2008；Noort，1987；杨遴杰，2006）。

农户参与土地整治具有普遍性、广泛性、全过程性和法律保障性等特点（田甜，2015）。农户积极有效地参与土地整治项目全过程，使项目实施更为顺利，决策更为科学，绩效更易发挥（Haldrup，2015；Wang et al，2014），其理论基础主要是参与式发展理论，采用的参与式方法主要有参与式评估和规划（Participatory Appraisal and Planning）、快速农村评估（Rapid Rural Appraisal）和参与式农村评估（Participatory Rural Appraisal）等。

2. 国内土地整治权属调整的农户权利保护

国内学者主要从农户的认知行为、农户的利益驱动行为、农户的参与行为、农户田块选择行为、农户的满意度评价等方面对权属调整的农户权利保护进行研究。

①农户对权属调整政策的认知行为调查。王瑷玲等（2008）通过农户问卷调查，发现约2/3的农户对权属调整的政策并不了解，一旦自身的土地权益受损，只有不到30%的农户选择通过法律途径来维护权益。

②农户权属调整的利益驱动行为。王占骜（2013）提出权属调整应控制和限制行政管理权的行使范围，以土地产权保护为重点，尊重土地产权的排他效力与绝对效力，构建农户权属调整的利益驱动机制，引导农户拥护和支持土地承包经营权的互换。欧雪娇（2013）进一步从利益相关者的角度，基于博弈论分析权属调整核心利益相关者农户、农村集体经济组织、乡级政府的行为机理，提出构建土地权属纠纷调处机制的相关政策建议。

③农户对权属调整的参与行为。当前农户参与权属调整普遍存在参与广度和深度不够、参与的主动性和积极性不高、参与的渠道不畅、参与缺乏制度保障等现象（田甜，2015；鲍海君等，2004；毛志红，2013）。因此，胡昱东和吴次芳（2009）、刘建生等（2013）、王瑷玲等（2008）、欧雪娇（2013）认为权属调整与农户利益关系最为密切，应保护农户对权属调整方案的知情权、表达权、监督权，建立民意调查制度、信息公开制度、听证会制度、公民请愿制度等一系列程序性制度，不仅可以调动公众参与的积极性，也使决策更加科学合理，符合当地的实际情况。

④农户田块选择行为。刘雪冉（2013）构建土地分配中农户田块选择的优化模型，利用Logistic回归，分析农户对不同等级田块选择行为的影响因素，主要受到种植作物种类、个体特征和家庭特征的影响，从而揭示农户田块选择的行为规律，并提出应尊重农户田块选择意愿，实现权属调整与农户意愿的耦合等政策建议。

⑤农户对权属调整的满意度评价。王磊和盛晓磊（2014）从界址精度（界址点精度、界址线精度）和产权状况（权属纠纷状况、面积精度、权属协议状况）等方面，评价农户对权属调整结果的满意度，得出稳定的农

村土地承包经营制度有利于土地承包经营权调整这一结论。

（四）文献评述

综上所述，以往研究虽然已取得了一定的成果，但是仍存在如下问题：

首先，集中连片、全面推进土地整治是我国城镇化发展的必然趋势，也是破解耕地细碎化问题的有效途径。由于我国土地权属调整运行不畅，土地整治的实施效果偏离了政策目标。但目前学术界对权属调整的研究起步较晚，且研究深度和系统性都有待加强。

其次，权属调整涉及农民财产关系与利益关系的重新配置和调整，是一项涉及面广、利益敏感的社会行为。在权属调整过程中农户情绪事件时有发生，但已有的土地整治权属管理研究，针对法律基础、权属调整方法、权属调整模式等方面的研究较多，从农户微观层面开展的研究较为少见。

最后，目前已开展的土地整治的农户权利保护研究，主要从农户社会心理视角对农户行为规律做出了宝贵的探索，对本书的研究具有重要的借鉴意义，但较少触及权属调整这一关键问题，且现有研究仍处于现状描述和政策层面，缺乏对农户行为规律的深入理解。

针对上述研究现状，本书在厘清土地整治权属调整动力机制的基础上，揭示权属调整的实施现状与农户行为规律，探求促进农户积极响应行为的土地整治权属调整的政策措施。

三、研究内容、研究方法、研究区域、数据来源与技术路线

（一）研究内容

本书的研究内容按照“发现问题——分析问题——解决问题”的逻辑进行分类：第一部分是提出科学问题，分别解释“为什么要进行土地整治权属调整？其理论基础是什么？”“当前土地权属调整工作的实施效果如

何？是否达到预期目标？存在什么问题？”，文中主要对应第二章土地整治权属调整的动力机制和第三章土地整治权属调整的实施效果；第二部分是分析问题，揭示土地整治权属调整全过程农户行为响应的机理，对应第四章农户土地整治权属调整意愿研究，第五章土地整治权属调整的农户参与行为研究和第六章土地整治权属调整对农户生计决策的影响；第三部分是解决问题，提出完善土地整治权属管理的政策建议，对应第七章土地整治权属调整的管控措施。具体研究内容如下：

（1）土地整治权属调整的动力机制

阐释“耕地破碎化——权属调整——农业增收”的经济学逻辑，并在治理耕地细碎化的逻辑推演基础上，采用双重差分计量法分析土地整治权属调整对耕地细碎化的影响，评估土地整治权属调整实施后对耕地细碎化的改善程度，以揭示土地整治权属调整的动力机制。

（2）土地整治权属调整的实施效果评价

从土地承包经营权权属情况调查着手，分析当地对土地整治权属调整需求，评价土地整治权属调整工作的实施情况。并在此基础上分析权属调整涉及的利益主体及其利益关系，揭示权属调整政策目标与实施结果产生反差的原因，从而提出权属调整顺利实施的核心在于强化农民的利益保护并深刻理解农民的行为规律。

（3）土地整治权属调整的农户行为规律

基于土地整治权属调整“前、中、后”三阶段，分析各阶段农户的行为规律。第一，在农户对土地整治权属调整政策的认知基础上，基于期望效用理论分析不确定条件下，农户对权属调整未来的预期收益和预期损失效用函数，分析农户权属调整意愿的影响因素，揭示土地整治权属调整前农户认知行为响应机理。第二，通过构建土地整治权属调整过程中农户参与的合作博弈模型，分析土地整治权属调整过程中的帕累托最优选择，并通过实证验证农户参与对土地整治权属调整方案的影响；在此基础上，通过农户合作博弈纳什均衡，求解单个农户参与的最优反应函数，并实证分析农户参与的影响因素，从而揭示土地整治权属调整过程中农户参与行为响应机理。第三，采用可持续生计理论，建立“权属调整——生计资本——生计策略”的逻辑，利用农户问卷调查数据，分析土地整治权属调整对农户生计策略的影响，揭示土地整治权属调整后农户认知行为响应机理。

（4）土地整治权属调整的管控措施

在系统分析利益主体关系和农户行为机理的基础上，从制度设计和立法上着手构建利益协调措施，重点探讨构建基于委托人利益目标同质性的利益共享措施，约束强势委托人公权力的社会监督措施，保护弱势委托人权利的农民参与措施，引导农民积极响应的利益驱动措施，化解土地权属争议的纠纷调处措施等，提高土地整治权属调整制度安排的科学性和针对性，依法保护农民的合法权益，实现不同利益主体间的共赢与多赢，最终使社会福利得到帕累托改进。

（二）研究方法

（1）问卷调查

以实地调研的问卷调查数据实证分析土地整治权属调整的动力机制、实施效果和农户行为。问卷调查分两个阶段：预调查和正式问卷调查。预调查的目的是寻找初始问卷存在的问题并修改完善，积累入户问卷调查经验，问卷数量 30~50 份。正式问卷调查在湖北省武汉市江夏区、咸宁市咸安区、咸宁市通山县、潜江市、天门市、咸丰县、宣恩县和广西壮族自治区崇左市龙州县等土地整治项目区开展随机抽样农户问卷调查，获得有效调查问卷 1217 份。

（2）基于熵权的改进 TOPSIS 法

采用基于熵权的改进 TOPSIS 法来计算农户生计资本及各项指标的权重，并在此基础上评价农户的生计资本水平。熵权系数法是一种客观确定指标权重的方法，TOPSIS 法是一种常用的有限方案多目标决策分析法，以此作为评价目标优劣的依据。基于熵权的 TOPSIS 法是将两种方法进行结合，在确定指标权重系数的基础上，进而对评价目标的优劣进行评价。较传统的熵权 TOPSIS 法，基于熵权的改进 TOPSIS 法主要是对评价对象与正理想解和负理想解的评价值公式进行了改进（文高辉等，2014），以得到各调查区域农户在土地整治权属调整前后的生计资本各项指标权重和评价农户的生计资本水平。

（3）回归分析法

回归分析法指利用数据统计原理，对统计数据进行数学处理，并确定被解释变量与某些解释变量的相关关系，建立一个回归方程（函数表达式），测算被解释变量受解释变量影响的分析方法。根据被解释变量的类型，选择不同的回归分析方法对方程进行拟合。本书选择二元 Logistic 回归、多项无序 Logistic 回归、定序回归等方法研究土地整治权属调整的农户意愿、参与行为和生计策略选择。

（4）双重差分模型（DID）

双重差分模型常用来度量公共政策或项目实施对经济体的影响效果。本书采用双重差分模型研究土地整治权属调整对耕地细碎化的治理效果、土地整治权属调整对农户生计资本的影响。

（三）研究区域与数据来源

（1）研究区域与数据来源一

湖北省经过近 20 年的土地整治实践，已经建立了一套较为成熟的土地整治模式。为确保研究具有代表意义，采取分阶段随机抽样调查方法，主要抽取湖北省潜江市、天门市、恩施土家族苗族自治州的咸丰县和宣恩县作为研究区域，土地整治项目的空间分布见图 1-4。

课题组于 2018 年 1 月和 3 月到湖北省的天门市、潜江市、咸丰县、官恩县进行调查，调研了 7 个乡镇。累计发放问卷 510 份，回收 501 份，剔除无效问卷后，最终获得有效问卷 483 份，问卷有效率为 94. 71%。其中，天门市调查了佛子山镇、横林镇、黄潭镇和石河镇，有效样本数 302 份；潜江市调查了熊口镇，有效样本数 94 份；咸丰县调查了黄金洞乡，有效样本数 46 份；官恩县调查了万寨乡，有效样本数 41 份，具体样本分布见表 1-2。

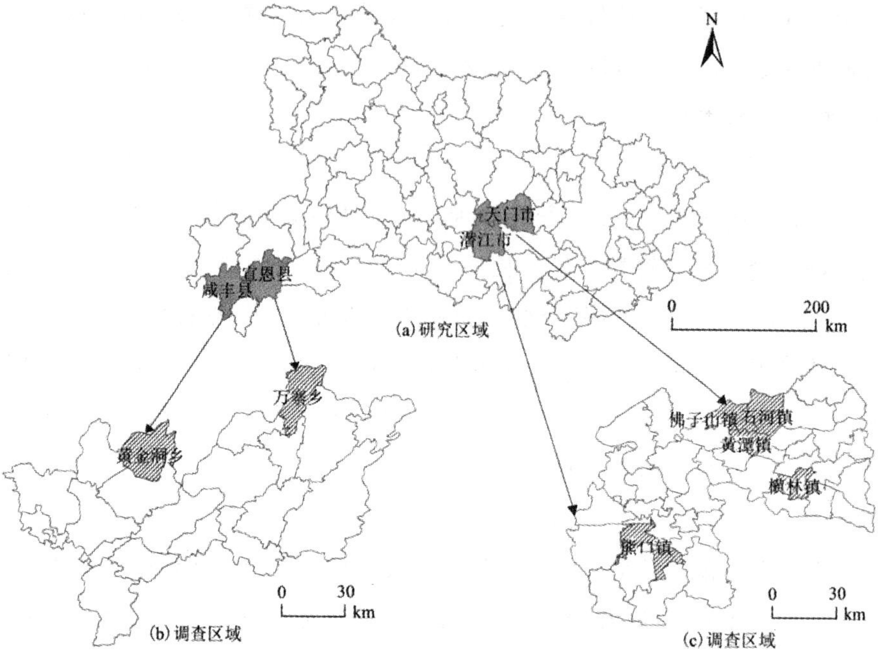

图 1-4 土地整治项目的空间分布情况

表 1-2 **样本分布**

区(县)	乡(镇、街道)	行政村	样本数(份)	地形地貌
天门市	佛子山镇	金杯村、天龙村、天门口村	79	平原
	横林镇	小垸村、曾台村、金沟村、宋市村、王湾村、豹山村、鄢滩村	73	平原
	黄潭镇	陈垱村、黄茅湖村、敖提村	57	平原
	石河镇	唐店村、段场村、姚岭村、石庙村、刘芳岭村、汪桥村	93	平原
	小计		302	

续表

区(县)	乡(镇、街道)	行政村	样本数(份)	地形地貌
潜江市	熊口镇	赵垴村、孙桥村、瞄场村、获湖村、洋湖垸村、姚桥村、姚桥村	94	平原
	小计		94	
咸丰县	黄金洞乡	大沙坝村、青岗园村	46	低山丘陵
	小计		46	
宣恩县	万寨乡	伍家台村、马鞍村、板场村	41	低山丘陵
	小计		41	
合计			483	

（2）研究区域与数据来源二

选取湖北省武汉市江夏区、咸宁市咸安区、咸宁市通山县作为研究区域，江夏区是武汉市的远郊城区，位于江汉平原向鄂南丘陵山地的过渡地带，属于平原和岗地；咸安区处于咸宁市城区所在地，地处幕阜山系和江汉平原的过渡地带，属于平原、岗地、丘陵和低山；通山县隶属于咸宁市，位于鄂东南，主要地形地貌是丘陵和低山。土地整治项目的空间分布见图 1-5。

2015 年 12 月课题组在武汉市江夏区、咸宁市咸安区、咸宁市通山县分别调研了 7 个街道 11 个乡镇，共计 52 个行政村，分别收回有效样本 477 份问卷。其中，武汉市江夏区调查了纸坊街道、郑店街道、乌龙泉街道、安山街道、山坡街道，有效样本数 164 份；咸宁市咸安区调查了贺胜桥镇、横沟桥镇、官埠桥镇、浮山街道、温泉街道、马桥镇、桂花镇，有效样本数 158 份；咸宁市通山县调查了大路乡、南林桥镇、通羊镇、闯王镇、厦铺镇、杨芳林乡，有效样本数 155 份，样本分布情况见表 1-3。

图 1-5　土地整治项目的空间分布情况

表 1-3　**样 本 分 布**

区(县)	乡(镇、街道)	行政村	样本数(份)	地形地貌
江夏区	纸坊街道	丰收村、林港村	18	岗地平原
	郑店街道	崇岭村、关山村、莲花桥村、廖桥村	35	岗地平原
	乌龙泉街道	四一村、团结村、新建村、幸福村	35	岗地平原
	安山街道	茶园村、马鞍村、青春村、山巷村、胜利村	44	岗地平原
	山坡街道	保福村、大咀村、光星村、群力村	32	岗地平原
	小计		164	

续表

区(县)	乡(镇、街道)	行政村	样本数(份)	地形地貌
咸安区	贺胜桥镇	贺胜村、花坪村、万秀村	27	岗地平原
	横沟桥镇	李堡桥村、杨畈村	20	岗地平原
	官埠桥镇	渡船村、雨坛村、紫潭村	30	岗地平原
	浮山街道	龙潭村、太乙村	20	低山丘陵
	温泉街道	肖桥村	6	低山丘陵
	马桥镇	曾铺村、马桥村、钱庄村	29	低山丘陵
	桂花镇	白沙村、柏墩村、毛坪村	26	低山丘陵
	小计		158	
通山区	大路乡	杨狮坑村、余长畈村	19	低山丘陵
	南林桥镇	罗城村、南林村、石门村	29	低山丘陵
	通羊镇	李渡村、茅田村、石宕村	28	低山丘陵
	闯王镇	坳坪村、宝石村、仙崖村	30	低山丘陵
	厦铺镇	花纹村、藕塘村、厦铺村	29	低山丘陵
	杨芳林乡	郭家岭村、杨芳林村	20	低山丘陵
	小计		155	
合计			477	

（3）研究区域与数据来源三

选取广西崇左市龙州县作为研究区域。调研采取随机抽样方式，从上龙乡、彬桥乡和下冻镇3个乡镇中抽取7个村屯进行走访，主要包括板汪、弄平、民权、上龙、武权、清明、峡岗等7个村屯。土地整治项目的空间分布见图1-6。

2015年10月课题组在共发放农户问卷285份，其中有效问卷257份，有效率90.18%。其中，上龙乡调查了板汪村、弄平村、民权村、上龙村、武权村，有效样本数171份；彬桥乡调查了清明村，有效样本数46份；下冻镇调查了峡岗村，有效样本数40份，样本分布情况见表1-4。

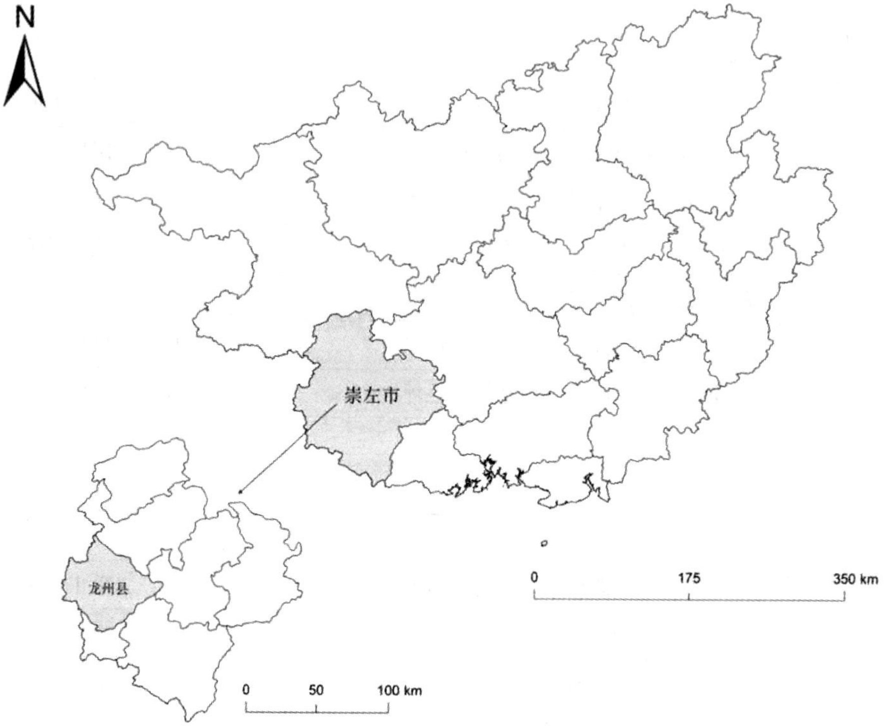

图 1-6 土地整治项目的空间分布情况

表 1-4 **样 本 分 布**

乡（镇）	行政村	样本数（份）	地形地貌
上龙乡	板汪村	55	丘陵
	弄平村	22	丘陵
	民权村	24	丘陵
	上龙村	23	丘陵
	武权村	47	丘陵
	小计	171	
彬桥乡	清明村	46	平原
	小计	46	

续表

乡（镇）	行政村	样本数（份）	地形地貌
下冻镇	狭岗村	40	丘陵
	小计	40	
合计	257		

（四）技术路线

本书的研究技术路线如图 1-7 所示。

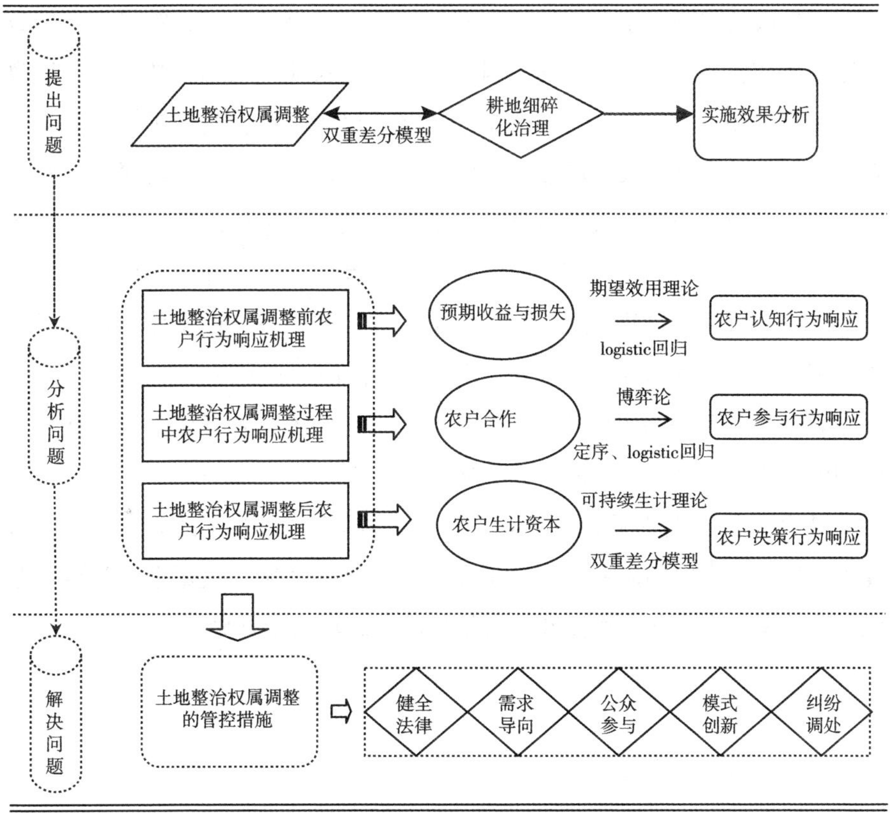

图 1-7　技术路线

第四节 本章小结

本章是导论部分，是对本书研究背景、科学问题、研究内容和思路的简要概述。

首先，本章在梳理土地整治概念、发展概况与类型的基础上，进一步分析土地整治权属调整的概念与目标、类型、实施主体、原则、工作内容与要点，有利于读者对本书的研究背景与相关概念形成一个基本的认识。

接下来，本书对科学问题进行了阐释：我国当前土地整治仍处于以工程技术手段改造土地物理属性的阶段，难以触及对土地产权关系重新调整这一深层次的问题，土地整治权属调整的实施效果偏离了政策目标。导致土地权属调整工作运行不畅的原因在于：我国农地产权制度缺陷、土地整治立法空白和民主制度不完善，在土地整治权属调整的实施过程中缺乏有效的公权力干预机制及农民参与程序，政府以行政手段广泛而深入地介入产权调整过程，未能以农民为核心、统筹兼顾利益主体的多元需求，继而引发社会冲突，阻碍权属调整的顺利实施。因此，深入开展土地整治权属调整的动力机制、实施效果与管控政策研究，把坚持农民主体地位、增进农民福祉作为出发点和落脚点，促进土地整治由“以地为本”向“人地协调”转变，从而提高土地整治的实施效率，直接关系到经济发展、社会和谐和国家稳定，具有重要的研究意义。

最后，本章对国内外关于本书研究内容的进展进行了述评，并基于研究不足提出了本书的研究内容、研究方法、研究区域、数据来源与技术路线，为读者对本书研究思路和分析架构的了解奠定了基础。

第二章　土地整治权属调整的动力机制

第一节　土地整治权属调整的动力

动力也称驱动力，即影响人们去做某一件事的力量。土地整治权属调整的动力是什么？也就是解答“为什么要进行土地整治权属调整？其理论基础是什么？”这一问题。

从发达国家土地整治的历史进程可以得出，德国开展土地权属调整的目的是为了破解农地无限制细分和无效益占有的问题，荷兰、丹麦、比利时、奥地利、法国、俄罗斯等欧洲各国则是通过土地权属调整治理耕地细碎化，从而推行机械耕种和促进农地规模经营（Hartvigsen et al，2013；Chartin et al，2013）。日本开展土地权属调整是为了将同一权属主体的地块由零星分散向集中连片进行布局，以改善农户的土地经营条件（Ishii and Okamoto，2002）。归纳而言，发达国家土地整治的初始阶段是以治理细碎化为目标的权属调整阶段（见表1-1）。

随着中国工业化和城市化的快速推进，小规模、细碎分散的经营方式已经越来越难以适应市场化、规模化和产业化为主要特征的现代农业发展需要（田孟和贺雪峰，2015）。治理耕地细碎化、实现农地集中连片和规模化经营，是我国乡村振兴发展的必然趋势，也是解决“三农”问题的有效途径（田孟和贺雪峰，2015；Zhou et al，2019；夏方舟等，2018；Long，2017；Haldrup，2015；Muchová et al，2016；项晓敏等，2017）。因此，国家按照“统一规整、便于管理、就近归并、集中连片、方便生产生活”的要求，推进土地整治权属调整工作，以期改变农地细碎分散的格局，促进农地规模化经营与现代化发展。

从国内外土地整治实践可以得出，治理耕地细碎化是土地整治权属调整最为重要的目标与动力。对土地整治权属调整动力机制的研究，实际上就是探索土地整治权属调整对耕地细碎化的治理逻辑。本研究从经济学的视角，构建“耕地破碎化——权属调整——农业增收”的逻辑框架，对土地整治权属调整治理耕地细碎化的动力机制进行解释说明。

第二节　治理耕地细碎化的经济学逻辑

耕地细碎化包括地形地貌的自然特征造成的自然细碎化，以及我国人多地少的现状与家庭承包责任制按人口均质化分配导致的产权细碎化（罗必良等，2019；文高辉等，2016）。耕地细碎化会导致田埂增多、耕地面积减小，降低耕地利用效率；通达性差，增加劳动时间和灌溉损耗等农业生产成本；地块零碎分散，制约农业机械化发展，降低规模经济效应，影响农民增收、农业增效（罗必良等，2019；文高辉等，2016；田传浩等，2005；贺雪峰等，2003；文高辉和杨钢桥，2019；许玉光等，2017；谭淑豪等，2003；吴诗嫚等，2016；钟甫宁和王兴稳，2010；刘涛等，2008；吕晓等，2011）。因此，治理耕地细碎化成为学术界关注的焦点问题。一些学者认为农地流转以市场调整的方式来促进农民内部进行地块之间的合并，能在一定程度上降低耕地细碎化程度（刘涛等，2008；吕晓等，2011），但是我国农地流转的政策已实施多年，而耕地细碎、分散化的经营格局并未发生根本性转变（罗必良等，2019；李功奎和钟甫宁，2006；田传浩等，2005；谭淑豪等，2003；吴诗嫚等，2016；钟甫宁和王兴稳，2010）。另一些学者聚焦于土地整治对耕地细碎化的治理效果，比较一致的观点在于土地平整工程和产权互换促进农田集中连片，有助于减轻耕地细碎化程度（文高辉等，2016；文高辉和杨钢桥，2019；许玉光等，2017；吴诗嫚等，2016），但受土地整治法制建设不健全，权属管理规范化不足及地形地貌条件等因素制约，权属调整工作开展不充分，对耕地细碎化的治理效果也存在一定的限制（田孟和贺雪峰，2015；吴诗嫚等，2016；严金明等，2016）。当前探讨土地整治权属调整对耕地细碎化的影响研究还较为少见，土地整治权属调整对耕地细碎化的影响研究仍处于现状描述和政策层面，从理论和实证方面有待深入。

因此，本书在治理耕地细碎化的经济学逻辑推演基础上，阐释土地整治权属调整对耕地细碎化的治理路径，利用农户问卷调查数据，采用双重差分计量模型分析土地整治权属调整对耕地细碎化的影响，以期从学理层面对土地整治权属调整与耕地细碎化的关系进行分析，从而揭示土地整治权属调整的动力机制。

（一）构建“耕地细碎化——权属调整——农业增收”逻辑框架

根据规模经济理论，生产规模与规模报酬之间存在规模报酬递增、规模报酬不变和规模报酬递减的阶段（李谷成等，2010）。在规模报酬递增阶段，耕地面积越大，农业生产投入要素的边际产出弹性越高，越能达到规模经济效应，相应地农户的农业收入也会越高。根据2015年全国农村固定观察点调查数据，户均经营地块为2.35块，平均地块面积为2.16亩，说明我国农地经营仍处于零散化、细碎化的状态，距离农地适度规模经营的面积标准还存在较大差距（罗必良等，2019；文高辉等，2016；彭文龙和吕晓，2019）。在这一阶段，土地整治权属调整通过集中、归并地块、有效减少地块数量和缩短地块之间的距离来治理耕地细碎化，符合经济学规律（罗必良等，2019；文高辉等，2016；田传浩等，2005；贺雪峰等，2003；文高辉和杨钢桥，2019；许玉光等，2017；谭淑豪等，2003；吴诗嫚等，2016；钟甫宁和王兴稳，2010；刘涛等，2008；吕晓等，2011）：首先，能减少田埂数量，提高耕地利用效率，一定程度上能增加农业收入；其次，能提高农业生产通达性与便捷性，节省农业劳动时间和灌溉成本，减少农业生产成本，从而增加农业收入；再次，能改善农田宜机化条件，促进农户的农业机械投入，为农业适度规模化经营创造条件，一定程度上可能增加农业收入（文高辉等，2016）。基于此，本书构建“耕地破碎化——权属调整——农业增收”分析框架，以厘清治理耕地细碎化的经济学逻辑。

基于理性经济人假设，农户在既定条件的约束下，会通过合理配置生产要素（土地、劳动力、资本等）来实现家庭收入最大化的目标。假设农户收入由务农收入和务工收入组成，理性农户以家庭收益最大化为目的，其目标函数设置为：

$$\max E(X,\ Y) = X^{\alpha} + Y^{\beta} \tag{2.1}$$

式（2.1）中，E 为农户收入，X 为务农收入，Y 为务工收入；α 和 β 都是描述农户务农收入和务工收入比例的正数（$\alpha+\beta=1$，$0<\alpha<1$，$0<\beta<1$），分别代表了务农收入和务工收入在农户收入组成中的重要性。

假设农户收入是由劳动力数量和劳动力价格组成，那么式（2.1）则表示为：

$$\max E(X,\ Y) = (L_x \cdot P_x)^{\alpha} + (L_y \cdot P_y)^{\beta} \tag{2.2}$$

式（2.2）中，L_x 为务农劳动力数量，P_x 为务农劳动力价格；L_y 为务工劳动力数量，P_y 为务工劳动力价格。

假设务农劳动力数量受到农户地块数量、耕地面积、地块之间的距离等影响，为了便于分析，假设每个农户家庭的地块质量等级相同，则式（2.2）可表示为：

$$\max E(X,\ Y) = \left(N \cdot \frac{L_x}{N \cdot W} \cdot \frac{A}{N} \cdot P_x\right)^{\alpha} + (L_y \cdot P_y)^{\beta} \tag{2.3}$$

式（2.3）中，A 为耕地面积，N 为农户地块数量，W 为地块之间的距离；$\frac{L_x}{N \cdot W}$ 为每块土地的劳动力投入，$\frac{A}{N}$ 为每块土地的面积；$\frac{L_x}{N \cdot W} \cdot \frac{A}{N}$ 为单位面积下每块土地的劳动力投入，$N \cdot \frac{L_x}{N \cdot W} \cdot \frac{A}{N}$ 表示农户家庭所有土地的劳动力投入总和。

对务农劳动力数量 L_x 求一阶偏导数，在劳动力配置最优的情况下有：

$$\frac{\partial E}{\partial L_x}=\frac{\alpha L_x^{\alpha-1}\cdot A^{\alpha}\cdot P_x{}^{\alpha}}{N^{\alpha}\cdot W^{\alpha}} \tag{2.4}$$

式（2.4）表示在其他条件不变的情况下，农户收入与耕地面积呈正相关。适度的农业生产规模下，耕地面积越大，越容易实现规模报酬递增，相应地也会提高农户的农业收入。农户收入与农户地块数量、地块之间的距离呈反相关。地块数量越小，地块之间的距离越短，农业生产通达性越好，耕地利用效率越高，且能够降低农业生产成本，并改善农田宜机化条件，一定程度上增加农户的农业收入。

耕地面积、地块数量、地块之间的距离等指标常用来衡量耕地的细碎化程度（谭淑豪等，2006；李谷成等，2010；彭文龙和吕晓，2019）。采用耕地面积、地块数量、地块之间的距离等指标，构建 I 指数来表示耕地细碎化程度（谭淑豪等，2006；李谷成等，2010；彭文龙和吕晓，2019）。其公式为：

$$I=\frac{\mathrm{N}}{\sum_{i=1}^{n}\mathrm{A}_i}\times 100\%\times\sum W \tag{2.5}$$

其中，I 为耕地细碎化程度的综合评价指数，A 为耕地面积，N 为地块数量，W 为地块之间的距离。在这个公式中，耕地细碎化程度与农户地块数量、地块之间的距离呈正相关，说明地块数量越多、地块之间的距离越远，耕地细碎化程度越高。耕地细碎化程度与耕地面积呈负相关，说明耕地面积越大，耕地细碎化程度越低。那么可将式（2.5）代入式（2.4）当中，得到式（2.6）：

$$\frac{\partial E}{\partial L_x}=\frac{\alpha L_x^{\alpha-1}\cdot P_x{}^{\alpha}}{I} \tag{2.6}$$

在劳动力配置最优，其他条件不变的情况下，农户收入与耕地细碎化程度呈负相关，耕地细碎化程度越高，耕地利用效率越低耕地利用效率越低（罗必良等，2019；田传浩等，2005；贺雪峰等，2003；许玉光等，2017；刘涛等，2008；吕晓等，2011），农业生产成本越高（Bentley，

1987；Blare et al，1992；Fenoaltea，1976；李功奎和钟甫宁，2006；田传浩等，2005；谭淑豪等，2003；吴诗嫚等，2016；钟甫宁和王兴稳，2010；吕晓等，2011），获得规模经济效益的可能性越低（罗必良等，2019；文高辉等，2016；田传浩等，2005；文高辉和杨钢桥，2019；吴诗嫚等，2016；吕晓等，2011），农户收入相应也越低，反之亦然。因此，治理耕地细碎化有利于提高耕地利用效率，降低农业生产成本，更有利于获得规模经济效益，对于农户增收具有重要意义。接下来，从理论上具体分析土地整治权属调整对耕地细碎化的治理路径。

（二）土地整治权属调整对耕地细碎化的影响路径

土地整治权属调整通过土地平整、地块归并、产权互换等措施，降低自然细碎化和产权细碎化（文高辉等，2016），最终达到治理耕地细碎化的效果（罗必良等，2019）。土地整治权属调整对耕地细碎化的影响路径见图 2-1。

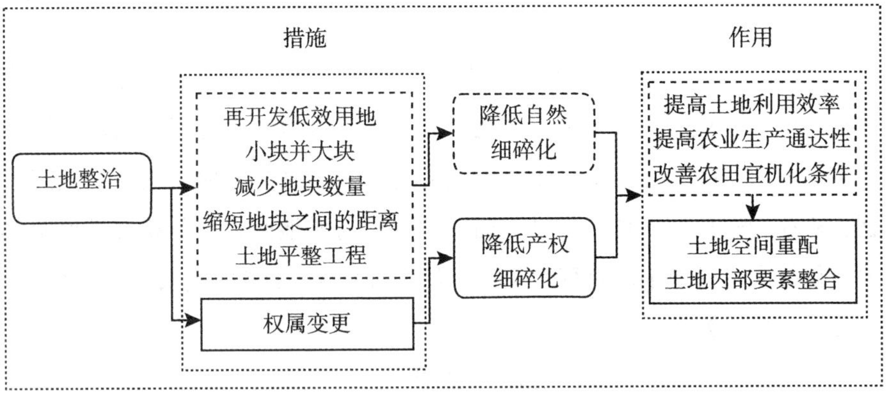

图 2-1 土地整治权属调整对耕地细碎化的影响路径

一方面，土地整治依据自然地理特征，以耕作地块为单位，采取挖高填低、填埋坑塘水面及废弃沟渠、平整田埂、归并零散破碎地块为大斑块区域等措施，建设“田成方、路成网、渠相通、林成行”的优质农田，从而改善农机作业基础条件（文高辉等，2016）。这主要是利用工程技术手段来改造土地物理属性，降低一部分由于地形地貌的自然特征所造成的自然细碎化（吴诗嫚等，2016）。

另一方面，土地整治按照自愿原则，采取等价交换、等质量替代等方式，经多元主体间协商一致，通过权属的调整与置换，使分散的农户承包地归并于一处，实现区域土地产权集中与资源优化配置，从而降低产权细碎化（文高辉等，2016）。

第三节 土地整治权属调整对耕地细碎化影响的实证分析

一、研究区域与数据来源

本章的研究区域选取湖北省潜江市、天门市、恩施土家族苗族自治州的咸丰县和宣恩县。2015 年 12 月课题组在武汉市江夏区、咸宁市咸安区、咸宁市通山县分别调研了 7 个街道 11 个乡镇，共计 52 个行政村，分别收回有效样本 477 份问卷。

在数据处理之前，采用 α 信度系数法以及效标效度方法，运用 SPSS Statistics 对样本数据进行信度和效度检验，信度检验的 Cronbach's Alpha 值为 0.842，表明问卷的信度系数较好；再采用 *KMO* 检验以及 Bartlett's 球形检验测定因子分子的可行性，效度检验的 *KMO* 值为 0.600，Bartlett's 球形检验的 *Sig.* 值为 0.000，表明样本数据效度较好。

二、土地权属调整前后耕地细碎化变化对农民收入影响的描述统计

（一）土地权属调整前后耕地细碎化的变化

对耕地面积、地块数量、地块之间的距离等指标进行标准化的基础

上，通过式（2.5）计算出耕地细碎化程度的综合指数 I。与权属调整实施前相比，实施后耕地细碎化的综合指数 I 降低了 0.14，其中耕地面积减少了 0.05 公顷/户，地块数量减少了 1.33 块/户，地块之间的距离减少了 61.20 米/户（见表 2-1）。可见，权属调整实施后耕地细碎化的各项指标都有所降低，地块数量和地块之间的距离的降低能够使耕地细碎化指数降低，耕地面积降低使耕地细碎化指数增加，但增加的程度小于降低的程度，使耕地细碎化指数呈现下降的趋势。进一步对耕地面积降低的原因进行调查，主要有建设沟、路、渠等农业基础设施对耕地的占用、耕地用途转变、抛荒等，其中建设占用的比例为 66.16%，用途转变的比例为 21.21%，抛荒的比例为 12.63%。

表 2-1　**土地整治权属调整实施前后耕地细碎化指标的变化情况**

时间	耕地面积（公顷/户）	地块数量（块/户）	地块之间的距离（米/户）	综合指数 I
权属调整前	0.55	10.71	471.04	0.63
权属调整后	0.50	9.38	409.84	0.49
差值	−0.05	−1.33	−61.20	−0.14

（二）土地权属调整前后耕地细碎化变化对农民收入的影响

表 2-1 显示，权属调整实施后，耕地面积在 0.50 公顷/户左右，距离农地适度规模经营的面积标准还存在较大差距（Wolldridge，2012），对农户收入的影响不大。而地块数量的降低和地块之间距离的缩短成为耕地细碎化指标降低的重要因素，对农户收入存在正向影响。

从耕地利用效率来看，用里克特量表对耕地田埂变化情况进行打分，权属调整实施前田埂对耕地利用的影响处于“比较差”到“一般”的区间，均值为 2.52，权属调整实施后田埂对耕地利用的影响趋近于“一般”，均值为 2.98，田埂减少后耕地利用效率有所提升。

农业生产通达性与便捷性有较大提高，权属调整实施前农业生产通达性与便捷性处于“比较差”到“一般”的区间，均值为2.50，权属调整实施后处于“一般”到“比较好”的区间，均值为3.30。农业生产通达性与便捷性的改善，节约了农业劳动时间，权属调整实施后自家劳动时间节省了6.81天/年，雇佣劳动时间节省了1.88天/年；并降低了农户的灌溉成本，权属调整实施后户均水电灌溉费用从209.93元下降为202.18元，共同降低了农业生产成本。

农田宜机化条件也有所改善，户均农业机械品种从0.89种增加到0.91种；从事适度规模经营的农户也有所增加，从占总数的3.66%增加至7.90%，这都为获得规模经济效益创造了条件。

耕地细碎化指数降低后，农户的收入有所提升。户均农业收入从12324元增长到15561元，采用湖北省CPI指数进行消胀处理后增长率为20.28%，户均收入也得到了增长，从80169元增加到100986元，采用湖北省CPI指数进行消胀处理后增长率为19.99%。

表2-2 土地整治权属调整实施前后耕地细碎化变化对农民收入的影响

	田埂系数	农业生产通达性与便捷性	农田宜机化条件		农户收入	
			农业机械品种（种/户）	规模经营农户的比重（%）	农业收入（元/户）	总收入（元/户）
权属调整前	2.52	2.50	0.89	3.66	12324.00	80169.00
权属调整后	2.98	3.30	0.91	7.90	15561.00	100986.00

三、土地整治权属调整对耕地细碎化影响的计量统计

（一）双重差分模型（DID）

双重差分模型又称DID模型，用于定量评价公共政策或项目的实施效

果。本章将土地整治权属调整的实施作为一项公共政策试验，采用双重差分模型分析其对耕地细碎化的影响。耕地细碎化不仅受到土地整治权属调整的影响，还会受到其他因素的影响。为了分析土地整治权属调整对耕地细碎化的净效应，必须剔除其他因素的干扰。首先，假设在同一区域范围内，因地形地貌条件、区域农业产业规划对农业生产的影响基本一致，耕地细碎化的变化趋于稳定。接下来，在这一区域范围内设置处理组和对照组，处理组为政策实施对象，对照组为非政策实施对象，测算处理组在政策实施前后某一指标的变化量，同时计算对照组在相同时间同一指标的变化量，分析两个变化量的差值，可以在剔除其他因素干扰的情况下模拟政策实施的净效应。将实施土地整治权属调整的农户视为“处理组 1”，未实施土地整治权属调整的农户视为“对照组 1”。将 2014 年的回忆数据作为权属调整实施前的参考数据，2017 年的数据作为权属调整实施后的参考数据。双重差分模型如下：

$$Y_{it} = \lambda_0 + \lambda_1 A_{it} + \lambda_2 B_{it} + \lambda_3 A_{it} \cdot B_{it} + \varepsilon_{it} \tag{2.7}$$

式（2.7）中，下标 i 和 t 和分别表示第 i 个农户和第 t 年；Y_{it} 为被解释变量；$A_{it} \cdot B_{it}$ 为解释变量；B_{it} 表示组别虚拟变量，$B_{it}=0$ 为对照组，$B_{it}=1$ 为处理组；A_{it} 表示时间虚拟变量，$A_{it}=0$ 表示权属调整前，处理组和对照组都没有受到政策影响（$A_{it} \cdot B_{it}=0$），$A_{it}=1$ 表示当处理组实施权属调整政策，处理组受到政策影响（$A_{it} \cdot B_{it}=1$），而对照组没有受到政策影响（$A_{it} \cdot B_{it}=0$）；λ_0 为常数项；λ_1 为政策实施的时间效应；λ_2 为政策实施的分组效应；λ_3 为所要观测的权属调整对耕地细碎化影响的净效应，是重点关注系数；ε_{it} 为扰动项。

由于地方政府等项目实施者会基于一定条件对土地整治项目区进行选择，导致农户在组别划分过程中出现非随机性问题。采用一阶差分形式消除双重差分模型中的内生性和共线性问题（王军，2018）。假定遗漏变量随时间同等变化，对式（2.7）的时间变量进行差分，形成新的一阶差分模型为：

$$\Delta Y_{it} = \lambda_1 \Delta A_{it} + \lambda_3 \Delta A_{it} \cdot B_{it} + \Delta \varepsilon_{it} \tag{2.8}$$

（二）土地整治权属调整对耕地细碎化影响的双重差分结果

从表 2-3 可见，土地整治权属调整对耕地细碎化指数的 DID 估计值在 0.01 的显著水平上为负，方程的 P 值在 0.01 的显著水平上通过显著性检验，说明在控制时间效应和地区差异后，土地整治权属调整对降低耕地细碎化具有显著的影响。

表 2-3　**土地整治权属调整对耕地细碎化影响的 DID 回归结果**

变量	系数	单一权属调整模式
$A \cdot B$	λ_3	-0.404^{***}
(P)		(0.000)
A	λ_1	0.042^{*}
		(0.055)
F		68.520
$Pr > \|F\|$	—	0.000

注：*、**、*** 分别表示在 0.1、0.05、0.01 的水平上显著（下同），括号内为 P 检验值。

（三）稳健型检验

运用缩尾检验进行回归结果的稳健性检验。异常数据可能会给检验带来较大误差，为了削弱极端数值对回归结果的影响，运用 winsorize 缩尾处理法对连续变量上下 1%的数据进行缩尾处理，形成新的平滑数据，重新运用 DID 模型进行回归验证（表 2-4）。对比前后两次的 DID 回归结果可知，各个变量的系数大小略有变化，但变化幅度不大，各个变量的显著性未发生变化，说明表 2-4 的结果具有较强的稳健性。

表 2-4　　　　土地整治权属调整对耕地细碎化影响的缩尾检验

变量	系数	权属调整对耕地细碎化的影响
$A \cdot B$ (P)	λ_3	-0.404^{***} (0.000)
A	λ_1	0.044^{**} (0.011)
F		74.900
$Pr > \|F\|$	—	0.000

第四节　本章小结

本章研究了土地整治权属调整的动力机制，也就是为了回答“为什么要进行土地整治权属调整？其理论基础是什么？”这一问题。动力也称驱动力，即影响人们去做某一件事的力量。从国内外土地整治实践可以得出，治理耕地细碎化是土地整治权属调整最为重要的目标与动力。对土地整治权属调整动力机制的研究，实质上就是探寻土地整治权属调整对耕地细碎化的治理逻辑。

本章构建“耕地细碎化——权属调整——农业增收”逻辑框架对耕地细碎化治理的经济学逻辑进行分析，并采用双重差分模型分析土地整治权属调整对耕地细碎化的影响，得到如下研究小结：首先，土地整治权属调整是治理耕地细碎化的重要途径，主要通过土地平整、归并等措施实现地块集中，降低土地的自然细碎化，并通过产权互换的方式集中地权，降低产权细碎化。从统计学意义上来看，土地整治权属调整在 0.01 的水平上显著降低耕地细碎化程度。其次，土地整治权属调整有效治理了耕地细碎化，减少了田埂数量，提高了耕地利用效率；提升了农业生产通达性与便捷性，节约了农业劳动时间和水电灌溉费用，降低了农业生产成本；改善了农田宜机化条件并增加了从事农业适度规模经营的农户，达到农民增收的目的，户均农业收入和总收入分别增长了 20.28%和 19.99%。

第三章　土地整治权属调整的实施效果

土地整治权属调整能够有效治理耕地细碎化，解决耕地土地利用零星、分散、细碎等布局不合理问题，提高耕地利用效率、减少农业生产成本、为农业适度规模化经营创造条件，符合经济学规律。接下来，对土地整治权属调整工作的实施效果进行调查，以解答“当前土地权属调整工作的实施效果如何？是否达到预期目标？还存在什么问题？”等问题。

本章依据“发现问题、分析问题、解决问题”的逻辑思路，从土地整治权属调整工作的实施现状入手，考察土地承包经营权权属情况、当地对土地整治权属调整工作的现实需求和土地整治权属调整工作的具体实施情况，从而得出土地整治权属调整工作实施中存在的问题，进而分析土地整治权属调整工作实施中存在问题的原因，并简要描述解决问题的途径与方法。

第一节　研究区域与数据来源

本章的部分数据来源选取湖北省武汉市江夏区、咸宁市咸安区、咸宁市通山县作为研究区域。累计发放问卷 510 份，回收 501 份，剔除无效问卷后，最终获得有效问卷 483 份，问卷有效率为 94.71%。

数据处理前，先对样本数据进行信度和效度检验。采用 α 信度系数法，信度检验的 *Cronbach's Alpha* 值为 0.622；再采用 *KMO* 检验以及 Bartlett's 球形检验测定因子分子的可行性，效度检验的 *KMO* 值为 0.701，

Bartlett's 球形检验的 *Sig.* 值为 0.000，表明样本数据具有良好的信度和效度。

本章的部分数据来源还选取广西崇左市龙州县作为研究区域。累计发放农户问卷 285 份，其中有效问卷 257 份，有效率 90.18%。

数据处理前，先对样本数据进行信度和效度检验。采用 α 信度系数法，信度检验的 *Cronbach's Alpha* 值为 0.658；再采用 *KMO* 检验以及 Bartlett's 球形检验测定因子分子的可行性，效度检验的 *KMO* 值为 0.576，Bartlett's 球形检验的 *Sig.* 值为 0.000，表明样本数据具有较好的信度和效度。

第二节　土地整治权属调整工作的实施现状

一、土地承包经营权权属情况调查

研究区域土地整治权属调整工作主要涉及农户土地承包经营权调整。农户土地承包经营权权属情况调查的主要内容包括农户土地承包经营权确权情况和土地承包经营权确权对农户土地权利行使的保护情况两个方面。

（一）土地承包经营权确权情况

农户土地承包经营权确权主要分析土地承包合同的签订情况、土地承包经营权登记发证的进展情况，见表 3-1。

表 3-1　**土地承包经营权权属情况调查**　单位:%

签订土地承包合同		土地承包经营权登记发证			
已签订	未签订	已发证	正在进行	即将进行	未进行
83.4	16.6	20.5	43.2	6.7	29.6

从土地承包合同的签订情况来看，83.4%的农户已经同村委会签订土地承包合同，但仍有16.6%的农户没有签订土地承包合同。可见，大部分农户通过合同的形式确定了村庄土地承包经营权利。

从土地承包经营权登记发证的进展情况来看，已经完成土地承包经营权登记发证工作的占20.5%，正在进行的占43.2%，即将开展工作的占6.7%，还有29.6%的农户表示对土地承包经营权登记发证工作的进展并不清楚。当前土地承包经营权登记发证工作的进展较为缓慢，只有约20%的农户拥有土地承包经营权权证，还需要进一步地加快土地承包经营权登记发证工作。

（二）土地承包经营权确权对农户土地权利行使的保护情况

接下来从农户视角分析，土地承包经营权确权对农户土地权利行使的影响。73.4%的农户认为土地承包经营权确权能够很好保护家庭土地承包经营权利，只有不到10%的农户认为土地承包经营权确权对土地权利的保护并不明显，16.4%的农户表示对此并不清楚。大部分农户肯定了土地承包经营权确权工作的重要性，认可土地承包经营权确权工作对自身土地权利的保护、权能的实现具有正向作用。一方面，土地承包经营权持有的长久化，强化了农户的产权意识，使农户对耕地经营具有稳定的预期；另一方面，清晰明确的土地承包经营权，避免了土地权属调整过程中的产权纠纷，有利于土地整治权属调整的顺利实施。但当前土地承包经营权确权工作还未完成，给土地权属现状的调查工作带来了一定的难度。

二、当地对土地整治权属调整工作的需求

当地对权属调整工作的需求主要考察耕地细碎化程度对农业生产的影响。耕地细碎化程度选取了地块面积、地块数量、地块之间的距离等指标进行衡量（文高辉等，2016；谭淑豪等，2006；李谷成等，2010）（见表3-2）。

表 3-2　**耕地细碎化对农业生产的影响**

耕地细碎化	农业生产（%）				
	①影响非常小	②影响较小	③影响一般	④影响较大	⑤影响非常大
地块面积	4. 19	12. 79	18. 45	38. 16	26. 41
地块数量	5. 87	12. 79	18. 66	31. 44	31. 24
地块之间的距离	6. 91	11. 53	17. 61	28. 51	35. 44

从地块面积对农业生产的影响情况来看，约 65%的农户表示地块面积对农业生产具有显著影响，地块面积越大，越有利于从事农业生产，其中约 25%的农户认为地块面积对农业生产影响非常大，约 40%的农户认为地块面积对农业生产影响比较大，认为影响较小或影响非常小的农户比重分别为 12. 79%和 4. 19%。

从地块数量对农业生产的影响程度来看，约 60%的农户表示地块数量对农业生产具有显著影响，地块数量越少，越有利于从事农业生产，其中约 30%的农户认为地块数量对农业生产影响非常大，约 30%的农户认为地块数量对农业生产影响比较大，认为影响较小或影响非常小的农户比重分别为 12. 79%和 5. 87%。

从地块之间的距离对农业生产的影响程度来看，约 65%的农户表示地块之间的距离对农业生产具有显著影响，地块之间的距离越短，越有利于从事农业生产，其中约 35%的农户认为地块之间的距离对农业生产影响非常大，约 30%的农户认为地块之间的距离对农业生产影响比较大，认为影响较小或影响非常小的农户比重分别为 11. 53%和 6. 91%。

统计结果表明，耕地细碎化是当地农业生产中重要的制约因素。因此，当前亟须实施土地整治权属调整工作，以实现土地的集中连片，从而提高农业生产效率、减少农业承包，并促进农地规模化经营。

三、土地整治权属调整工作的实施情况

本章主要从土地整治项目涉及权属调整的比例、农户对土地整治权属

调整工作的质量评价两方面进行考察土地整治权属调整工作的实施情况。

（一）土地整治项目涉及权属调整的比例

从村庄土地整治项目的实施情况来看，调查区域约有40%村庄实施了土地整治项目，未实施的村庄比重超过60%。其中，实施土地整治项目的村庄中，56%的项目区实施了土地权属调整工作，44%的项目区未实施土地权属调整工作。

对土地整治权属调整工作具体的内容进行调查，如表3-3所示，进行田块合并工程占22.6%，进行田面平整工程占30.8%，进行田块形状规整工程占19.7%，实施修筑田埂占17.8%，实施产权调整占9.1%。可见，土地整治项目区大多是沟、路、渠等基础设施的改良与重建，涉及土地权属调整工作的比例不足，且土地权属调整工作的内容主要以土地平整工程为主，涉及田块合并、产权调整的比例更低。由此可见，我国当前土地整治仍单纯以工程技术手段改造土地物理属性，难以触及对土地产权关系重新调整这一深层次的问题，土地整治权属调整的实施比例较低，距离促进农地规模化经营和现代化发展的目标还有较大差距。

表3-3　**土地整治权属调整的实施内容**　单位:%

是否进行土地权属调整（土地整治项目区）					
否　56	是　44				
	田块合并	田面平整	田块形状规整	修筑田埂	实施产权调整
	22.6	30.8	19.7	17.8	9.1

（二）农户对土地整治权属调整工作的质量评价

农户对土地整治权属调整工作的质量评价表现为：对土地整治权属调整工作的质量持满意态度的农户占47.7%，其中非常满意的农户为11.9%，比较满意的农户为35.8%。对土地整治权属调整工作的质量持不满意态度的农户占 19. 4%，其中比较不满意和非常不满意的农户分别为 14. 9%和 4. 5%。还有占 32. 9%的农户表示土地整治权属调整工作的质量一般。

四、土地整治权属调整工作存在的问题

通过以上分析可以得出：耕地细碎化影响了当地农业生产和发展，只有切实加强土地整治权属调整工作，才能达到降低耕地细碎程度的目标，才能进一步提升土地整治的实施成效。但是从当地土地整治权属调整工作的实施情况来看，目前的工作开展并不充分，表现为：其一，土地整治项目区涉及土地权属调整工作的比例不足，难以满足当地农业生产与发展的现实需求。土地整治权属调整工作未能与降低土地细碎化程度联系起来。其二，不到一半的农户对已实施的土地权属调整工程表示满意，这说明已实施的土地权属调整工作质量还有待进一步提高。

因此，土地整治权属调整工作运行不畅，以至于难以满足优化土地利用结构、促进农地高效利用、搭建现代农业发展平台的目的，土地整治的核心竞争力难以有效发挥，土地整治效果未能得到充分体现。

第三节　土地整治权属调整的利益主体及其利益矛盾

土地整治权属调整是土地整治工作不可逾越的重要环节，权属调整工作运行不畅直接影响到土地整治项目效果的显现。土地整治权属调整是在政府主导下农地产权互换和变更的过程，实质上是为了公共利益的需要，对土地权利人财产关系与利益关系的重新配置，是一项政策性强、涉及面广、利益敏感的社会行为。因为土地整治项目区权益类型复杂、工作中争议和矛盾突出，为此，保护与协调土地整治权属调整过程中涉及的各方权益尤为重要，也是土地整治权属调整工作顺利实施的关键。本节对土地整治权属调整的利益主体及其关系进行分析，以揭示土地权属调整工作运行不畅导致土地整治效果难以实现的原因。

一、土地整治权属调整的利益主体

以土地承包经营权权属调整为例，分析土地整治权属调整过程中的利益主体。其涉及的利益主体主要包括农民、村集体、地方政府及国土管理部门、权属调整工程规划与施工单位等中介组织。从地方政府主导模式和新型经营主体主导模式两方面来分析不同模式下土地整治权属调整涉及的利益主体及其利益关系。

（一）地方政府主导模式的土地整治权属调整利益主体

目前土地整治权属调整的实施过程中，最为常见的是地方政府主导模式。地方政府主导模式中，村委会、乡镇政府及国土管理部门往往作为土地权属调整工作的实施主体，负责土地整治项目立项阶段、规划设计阶段和施工阶段的组织、管理、监督等工作。农民则是土地权利人，土地权属调整的过程就是农民土地承包经营权的财产关系与利益关系的重新配置。权属调整工程规划与施工单位则是受项目实施主体委托，承担土地整治项目立项阶段、规划设计阶段和施工阶段各项工程的具体工作。地方政府主导模式是一种“自上而下”的管理模式，利益主体之间的关系见图 3-1。

（二）新型经营主体主导模式的土地整治权属调整利益主体

目前土地整治权属调整的实施过程中，新型农业经营主体主导模式虽然存在，但较为少见。新型农业经营主体主导模式中，农民合作社、家庭农场、农业企业等新型经营主体作为土地权属调整工作的实施主体，以农民组织的形式负责土地整治项目立项阶段、规划设计阶段和施工阶段的组织、管理等工作。农民依然是土地权利人，土地权属调整的过程就是农民土地承包经营权的财产关系与利益关系的重新配置。权属调整工程规划与施工单位则是受新型经营主体委托，承担土地整治项目立项阶段、规划设计阶段和施工阶段各项工程的具体工作。地方政府及国土管理部门则属于监督组织，来保证新型农业经营主体主导模式的顺利实施与运行。新型农

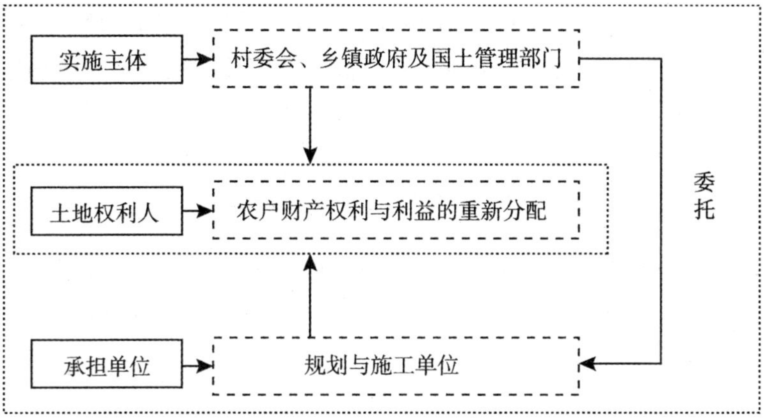

图 3-1　地方政府主导模式的土地整治权属调整利益主体

业经营主体主导模式是一种“自下而上”的管理模式，农民组织是农民的集合体，代表着农民的权利，保障农民的土地权益能够得以充分的体现，其利益主体间的关系见图 3-2。

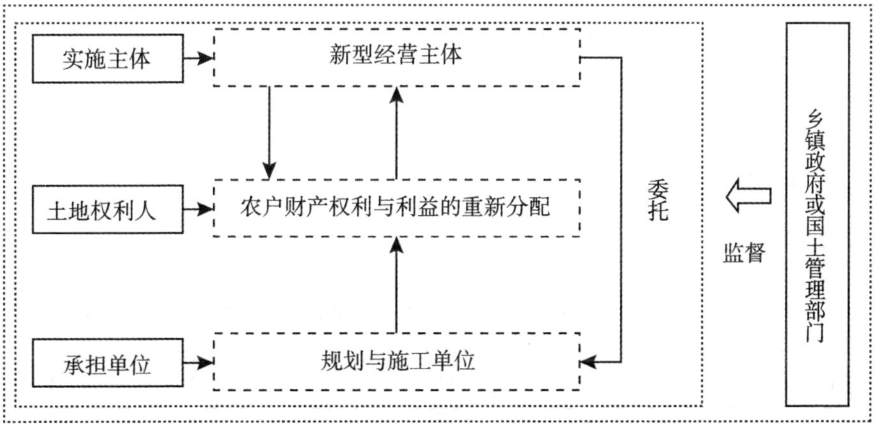

图 3-2　新型农业经营主体主导模式的土地整治权属调整利益主体

对土地权属调整利益主体分析可以得出，目前仍然是以“自上而下”

的地方政府主导模式为主。农民作为土地权利人，是土地权属调整过程中最直接、最为核心的利益主体。因此，协调好农户与其他利益主体之间的关系，对于促进权属调整工作的顺利实施和维护农村社会的和谐稳定具有重要的作用。

二、农户对其他相关利益主体的信赖程度

村委会、乡镇政府及国土管理部门作为土地权属调整的实施主体，权属调整工程的规划与施工单位作为土地权属调整的承担单位，对农户财产权利调整与分配都具有重要作用。接下来，分析农户对村委会、乡镇政府及国土管理部门、土地权属调整的规划与施工单位的信赖程度。调查数据显示，只有19.28%的农户对土地权属调整的规划和施工单位信任；只有24.32%的农户对乡镇政府及国土管理部门信任，只有22.22%的农户对村干部信赖。可见，农户对其他相关利益主体的信赖程度较低，土地整治权属调整工作必须依法依规开展，切实尊重和维护农民的土地权益，见表3-4。

表3-4　**农户对其他相关利益主体的信赖程度**

利益主体	信赖程度（%）				
	①一点不信赖	②不太信赖	③一般	④比较信赖	⑤非常信赖
土地权属调整的规划与施工单位	7.76	20.55	52.41	16.14	3.14
乡镇政府及国土管理部门	9.85	25.16	40.67	20.13	4.19
村干部	17.19	24.95	35.64	16.98	5.24

三、权属调整过程中利益主体间的矛盾

权属调整过程中利益主体之间的争议主要包含四个方面内容：一是土

地权利主体之间的争议，主要指农户之间关于承包经营权的争议；二是关于土地平整工程施工是否符合规范的争议；三是关于现状土地质量评价、竣工后土地质量评价的争议；四是土地分配过程中关于耕地重新分配的争议。

通过调查发现，有 4 位农户表示就土地平整工程的施工问题，曾与施工单位发生过矛盾冲突；有 8 位农户表示就土地承包经营权和土地分配问题，曾与村干部及其他农户发生过矛盾冲突。当问到农户通过何种方式解决纠纷时，7 户选择争议方面对面进行协商和沟通来解决；18 户表示会向村干部反映，由村干部就争议方进行协调解决；1 户表示向有关部门进行反映；4 户表示会通过上访的方式向上级政府进行反映。

通过本次调查，虽然权属调整过程中利益主体之间发生矛盾冲突的比例并不高，但这是基于当前权属调整运行不畅的情况下，这些社会矛盾和冲突被掩盖和回避，未得到充分重视。政府在大力推进的过程中，一旦忽视农民的利益保护，被掩盖的社会冲突将集中凸显，极易引发土地政治危机（Long et al，2012；杨磊和郧文聚，2014；胡昱东和吴次芳，2009；刘建生等，2013；王瑷玲等，2017；郧文聚，2011）。因此，亟须建立适合我国土地整治权属调整的管理制度，切实解决权属调整过程中涉及的农民知情权、参与权、村民自治、土地历史遗留问题等，尊重农户的意愿与自主性，确保权属调整工作得到农户的拥护和支持。

第四节　土地整治权属调整的农户行为分析

根据上文分析，土地整治权属调整工作首先是对农民土地财产权利的重新分配，关注农民在土地整治权属调整工作的行为至关重要；其次，农民也是土地权属调整工作的最终受益者，农民最了解农村、最熟悉脚下的土地，在土地整治权属调整过程中也最有发言权。因此，深入开展土地权属调整的农户行为研究，对于化解土地整治权属调整利益主体间的矛盾与冲突，促进土地权属调整的顺利实施具有重要的意义。

一、土地权属调整的农户行为分析框架

基于土地整治权属调整“前、中、后”的纵向纬度对农户行为进行分析。从土地整治立项阶段来看，最为重要的环节就是开展土地权属调整意愿调查。土地权属调整必须经过2/3以上的土地权利人同意，形成土地权属调整原则性意见，否则，退出权属调整程序。土地权属调整原则性意见进行公告，公告无异议的，报请县级以上人民政府批准，存在异议的，由乡镇政府、村委会协商解决，一时不能解决的，不列入整治范围。因此，农户的权属调整意愿是开展土地权属调整工作的必要条件。

从土地整治权属调整的实施过程来看，土地整治规划设计阶段需要查清土地权属与利用现状，对现状土地质量进行评价，形成土地权属调整现状图和土地平整工程规划，明确权属调整方式、方法，经实施主体与土地权利人确认后签订土地权属调整项目施工协议书。土地整治施工阶段需要按照规划设计方案进行施工，对竣工后土地质量进行评价，按照评价结果编制土地权属调整分配方案，对方案进行公告，公告无异议的，报请县级以上人民政府批准，组织土地权利人签订土地权属调整协议，落实土地权属调整方案，形成调整后的土地权属调整图件，由土地权利人签字确认后，编写土地整治权属调整报告，如公告存在异议的，则需要修改土地权属调整分配方案，再重新走程序；土地权利人向县级以上人民政府相关部门办理土地权属变更登记手续，获取相应的土地权利证书。因此，土地整治权属调整工作实施的全过程，如土地权属调查与质量评价、土地平整工程的施工监督、确定土地权属调整分配方案、土地重新分配与权属登记等工作都需要农户的积极参与。

农民也是土地权属调整工作的最终受益者，只有让农户切实获得土地权属调整带来的收益，才能确保土地权属调整工作得到民众的拥护和支持。因此考察土地权属调整后对农户生计的影响十分必要。

基于此，本节从农户对土地整治权属调整的意愿、农户在土地整治权属调整过程中的参与行为、土地整治权属调整后农户的生计策略等方面对

土地整治权属调整的农户行为进行分析，分析框架如图 3-3 所示。

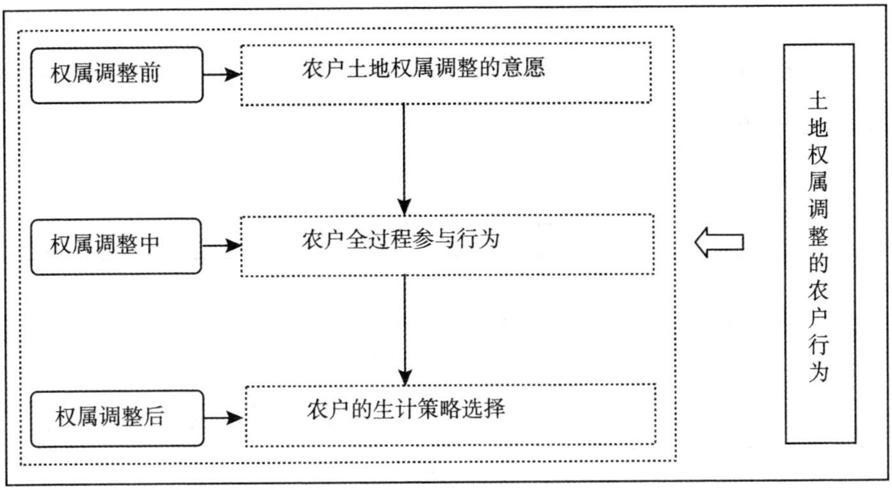

图 3-3　土地整治权属调整的农户行为分析框架

二、农户土地整治权属调整的意愿

主要从农户对土地整治权属调整政策的认知情况、农户对土地整治权属调整未来的预期、农户进行土地整治权属调整的意愿和农户对土地整治权属调整的出资意愿等方面进行分析。

（一）农户对土地整治权属调整政策的认知情况

通过调查，超过 55%的农户表示对土地整治的有关政策不了解，只有约 20%的农户了解土地整治相关政策。就认知渠道而言，6.22%的农户是通过电视报纸等媒体宣传渠道获得信息，13.23%的农户是通过项目标示牌等公告渠道获得信息，超过 80%的农户是通过村干部宣传获得信息，43.97%的农户是通过政府部门门工作人员宣传获得信息。当问到土地整治对农民的好处时，88.72%的农户表示土地整治对农民有很大的好处，只有 2.72%的农户认为土地整治对农民没有好处。

（二）农户对土地整治权属调整未来的预期

农户对权属调整未来预期收益，主要从农业产量、农业生产条件、农业机械化耕种水平、农业规模经营、农田景观改善、获得更多新增耕地等方面进行分析，见表 3-5。

表 3-5　**农户对土地整治权属调整未来预期收益**

预期收益	可能性（%）				
	①可能性非常小	②可能性比较小	③可能性一般	④可能性比较大	⑤可能性非常大
提高农业产量	10.20	11.80	23.50	27.10	27.50
改善农业基础设施条件	2.70	4.70	27.80	42.40	22.40
提高农业机械化使用率	14.90	14.90	10.60	27.80	31.80
提高规模化经营程度	24.30	12.50	22.40	24.70	16.10
改善农田景观	4.30	5.90	15.30	38.80	35.70
获得新增耕地	46.30	22.70	19.20	9.80	2.00

农业产量方面，约 55%的农户认为权属调整对于提高农业产量的可能性大；约 65%的农户认为在权属调整“小块并大块”“坡改梯”等措施的基础上，辅以灌溉水利设施及田间道路修建，有较大可能改善农业基础设施条件；约 60%的农户认为土地平整及产权调整，降低耕地细碎化程度，土地更为集中连片，有较大可能提高农业机械的使用率；超过 40%的农户认为权属调整有较大可能促进农地流转，便于农地规模化经营；约 75%的农户认为经过权属调整的耕地横平竖直、地块方正规整，有较大可能改善农田景观面貌；只有约 10%的农户认为权属调整有较大可能获得更多新增耕地。

农户对权属调整未来预期损失，主要从耕地质量、损失补偿、土地分配和社会矛盾等方面进行分析，见表 3-6。

表 3-6　　**农户对土地整治权属调整未来预期损失**

预期损失	可能性（%）				
	①可能性非常小	②可能性比较小	③可能性一般	④可能性比较大	⑤可能性非常大
未进行表土剥离致耕地质量下降	8.80	26.62	14.05	19.29	31.24
变更过程中的利益受损得不到补偿	7.55	24.74	18.24	21.17	28.30
调整后土地分配不公	5.87	19.70	24.32	25.37	24.74
引发权属纠纷和矛盾	5.45	23.48	24.53	24.32	22.22

耕地质量方面，超过 50%的农户认为土地整治平整过程中，如果未进行表土剥离而直接推平，有较大可能导致耕地质量下降甚至无法耕种。损失补偿方面，约 50%的农户认为土地平整有较大可能产生青苗压占、林木损毁、坟墓迁移等损失，而得不到合理的补偿。土地分配方面，超过 50%的农户认为权属调整调整后，有较大可能土地分配方案不公平，以前的好地经过并地重新分配后变成了坏地，造成了自身利益的损害。社会矛盾方面，超过 45%的农户认为权属调整有较大可能对利益主体之间产生更多的权属纠纷和矛盾。

（三）农户进行土地整治权属调整的意愿

土地整治权属调整的利益相关者多数是农民群众，尊重农民群众意愿是做好权属调整工作的根本原则。调查发现，超过 75%的农户表示愿意进行土地平整工程，只有 23.69%的农户不愿意进行土地平整工程；同时，约 70%的农户表示愿意对承包地的权属进行相应的调整，只有约 30%的农户对调整承包地的权属持保守态度。可见，当地农民对权属调整工作具有强烈的需求，这为广大农村地区权属调整工作的实施奠定了基础，对权属调整工作的全面开展具有积极作用。

（四）农户对土地整治权属调整的出资意愿

目前权属调整工作经费问题已成为制约权属调整工作的瓶颈问题。由于权属调整涉及各方利益，利益协调过程需要各方利益主体共同参与，需要耗费大量的人力、物力和财力，但现行土地整治预算定额并没有权属调整工作的列支项目，无法满足权属调整工作的需要。因此，投资主体多元化是解决权属调整资金匮乏的真正出路。当向农户询问，如果土地平整资金需要农户承担一部分您是否愿意出资时，98.74%的农户表示愿意出资，其中非常愿意的农户占32.91%，比较愿意的农户占65.83%，477户调查农户中只有6户表示不愿意承担土地平整资金。可见，当地农民不仅对权属调整工作具有现实需求，还有强烈的投资、出资意愿，这为权属调整工作的顺利开展提供了坚实的条件。

三、土地整治权属调整过程中农户的参与行为

权属调整直接关系到农民群众的切身利益，权属调整工作的顺利开展离不开广大农民群众的参与和支持。对权属调整过程中农户参与的行为进行调查，从农户参与比例来看，超过60%的农户参与了土地整治权属调整工作。

从农户参与的内容来看，主要包括土地权属调查与质量评价、土地平整工程的施工监督、制定土地权属调整分配方案、土地重新分配与权属登记等方面。通过召开村民大会的形式，就权属如何调整的问题征询农户的意见，超过55%的农户参与了土地权属调查与质量评价工作，主要参与土地面积丈量、现状土地质量评价、竣工后土地质量评价等工作；近15%的农户参与了土地平整工程的施工监督；近30%的农户制定了土地权属调整方案；近30%的农户参与了土地重新分配与权属登记工作。从各项工作的参与比例来看，只有土地权属调查与质量评价的参与人数超过了半数，其他工作的参与比例较低，且参与程度不高，主要是广泛征询农户意见。

因此，土地整治权属调整工作实施的全过程，如土地权属调查与质量评价、土地平整工程的施工监督、确定土地权属调整分配方案、土地重新分配与权属登记等工作都需要农户的积极参与。

四、土地整治权属调整后农户的生计策略选择

（一）土地整治权属调整后农户家庭主要的生计策略

依据农户类型将农户家庭的生计策略划分为从单一生计策略和多元生计策略。农户类型分为纯农业农户、以农业为主，非农业为辅的兼业农户、以非农业为主，农业为辅的兼业农户、纯非农业农户四种类型，这样单一生计策略包含纯农业和纯非农业两种，多元生计策略以农业为主，非农业为辅和以非农业为主，农业为辅两种。在此基础上，通过问卷来分析土地整治权属调整后农户家庭的决策行为（见表 3-7）。约 40%的农户选择单一生计策略，其中选择纯农业生计策略的农户约 10%，选择纯非农业生计策略的农户约 30%；约 60%的农户选择多元生计策略，其中选择以农业为主，非农业为辅生计策略的农户约 10%，选择以非农业为主，农业为辅生计策略的农户约 50%。

表 3-7　　**土地整治权属调整后农户家庭主要的生计策略**　　单位:%

单一生计策略		多元生计策略	
纯农业	纯非农业	以农业为主，非农业为辅	以非农业为主，农业为辅
9. 25	29. 96	10. 13	50. 66

（二）土地整治权属调整后农户家庭成员就业方式的变化分析

通过对土地整治权属调整后农户家庭成员就业方式的变化进行分析，得出权属调整后农户家庭成员务农就业方式降低，务工就业方式增加。通过表 3-8 可以看出，务农就业方式降低了 11. 6%，而务工就业方式增加了

11.6%。权属调整后务农就业方式中小农户经营方式降低最为明显，降低了15.45%，农业规模经营增加了3.86%。农业规模经营中主要变化的是农户与乡村农业项目合作情况。

表3-8　　**土地整治权属调整后农户家庭成员就业方式的变化分析**　　单位：%

就业方式	务农			务工	
	小农户经营	农业规模经营	本地分散式打工经商	农业企业/合作社务工	外地打工经商
权属调整前	43.02	3.66	13.73	0.00	39.59
权属调整后	27.57	7.52	16.79	4.26	43.86
差值	-15.45	+3.86	+3.06	+4.26	+4.27

其中，承包地由农业合作社或企业统一经营的比例增加了25.56%；承包地由农业合作社或企业统一经营，农户作为农业产业工人加入其中的比例增加了5.73%；承包地由农业合作社或企业统一经营，农户加入其中从事非农生产活动的比例增加了1.75%；由合作社或企业提供技术支持、统购包销，农户开展“订单式”农业生产的比例增加了8.81%。

权属调整后务工就业方式中本地分散式打工经商方式、企业或合作社务工方式、外地打工经商方式都有所增加，增加的比例分别是3.06%、4.26%和4.27%。调查发现，无论农户家庭成员就业方式是务户还是务工，农户的就业方式呈现多样化的选择，土地整治权属调整不仅减少了小农户的经营方式，而且还增加了农户就业方式的多元化，使农户在未来的生计决策更为丰富。

第五节　本章小结

本章基于“发现问题、分析问题、解决问题”的逻辑，从土地整治权属调整工作的实施现状入手，揭示土地整治权属调整工作实施中存在的问题，进而分析土地整治权属调整工作实施中存在问题的原因，表现为：其一，土地整治项目区涉及土地权属调整工作的比例不足，难以满足当地农业生产与发展的现实需求。其二，不到一半的农户对已实施的土地权属调整工程表示满意，已实施的土地权属调整工作质量满意度不高。

土地整治权属调整工作运行不畅的原因是土地权益类型复杂、权属争议和利益主体矛盾突出，主要表现为农户对村委会、乡镇政府及国土管理部门等实施主体，权属调整工程的规划与施工单位等承担单位信任度较低；土地权属争议突出，主要是农户之间关于承包经营权的争议、土地平整工程施工不规范、现状土地质量评价和竣工后土地质量评价的争议、土地分配的争议。

为了化解土地整治权属调整利益主体间的矛盾与冲突，亟须深入开展土地权属调整的农户行为研究。基于土地整治权属调整“前、中、后”的纵向纬度，从农户对土地整治权属调整的意愿、农户在土地整治权属调整过程中的参与行为、土地整治权属调整后农户的生计策略等方面对土地整治权属调整的农户行为进行描述性统计。接下来，分别从农户土地整治权属调整意愿及其影响因素、土地整治权属调整的农户参与行为、土地整治权属调整对农户生计决策的影响来进行理论梳理与计量检验，分别对应第五章、第六章和第七章，以期对土地整治权属调整的农户行为机理进行学理解释，为促进土地整治权属调整中农户的积极行为响应提供决策参考与案例支撑。

第四章　农户土地整治权属调整意愿研究

本章基于期望效用理论分析不确定条件下，农户对权属调整未来的预期收益和预期损失效用函数，分析农户未来预期对农户权属调整意愿的影响，并在此基础上提出提高农户进行土地整治权属调整意愿的政策建议。

第一节　期望效用理论下农户未来预期对权属调整意愿影响的理论分析

一、期望效用理论在不确定性决策方面的使用

期望效用理论（EU）是20世纪50年代，冯·诺依曼和摩根斯坦（Von Neumann and Morgenstern）在公理化假设的基础上，运用逻辑和数学工具，建立了不确定条件下对理性人选择进行分析的框架（董小蕾等，2018）。期望效用理论认为，在不确定性条件下，人们的决策会考虑人们的偏好和效用函数。这就意味着，人们对未来的抉择往往受到未来预期收益效用和预期损失效用、未来产生收益和损失的概率来决定。那么，根据效用最大化的原则，不确定性条件下人们决策的充要条件是人们对未来的预期收益必须超过预期损失（郑利平，2001）。当某一决策未来预期收益大于未来预期损失时，人们往往会支持这一决策；当某一决策的未来预期损失大于未来预期收益时，人们往往会不支持这一决策。

期望效用理论在不确定性决策方面的使用主要围绕股票市场的净资产溢价和意向效应，劳动经济学的劳动工供给和就业选择，消费品市场的价

格弹性和消费者选择、风险投资的赌马、博彩、保险等方面（Armstrong and Brigo，2019；Li and Deshpande，2019；Cullum et al，2019；Chiu et al，2018；Mao et al，2018；Veraguas and Silva，2018；Hata and Yasuda，2018；Liang and Palmowski，2018；Qazi et al，2018）。研究过程中，针对期望效用产生的异象，衍生出前景理论（Kahneman and Tversky，1979；Häckel et al，2018；梁小亮，2019；Ding et al，2019）和后悔理论（Loomes and Sudgen，1982；Jiang and Wang，2019；Peng et al，2019；Qian et al，2019）等。

二、期望效用理论下农户未来预期对权属调整意愿的影响

农户权属调整意愿是农户在不同前景下对权属调整的选择行为。权属调整前期，农户判断权属调整可能带来好的前景，例如对未来的收益，包括权属调整有可能会带来农业产量的提高；“小块并大块”“坡改梯”等措施能较大可能改善农业基础设施条件；土地平整及产权调整使土地集中连片，有较大可能提高农业机械的使用率；权属调整有较大可能促进农地流转，便于农地规模化经营；权属调整后的耕地“横平竖直”、地块“方正规整”，有较大可能改善农田景观面貌；权属调整有较大可能获得更多新增耕地等。权属调整可能还可能带来不好的前景，例如对未来的损失，包括土地平整过程中，如果未进行表土剥离而直接推平，有较大可能导致耕地质量下降甚至无法耕种；土地平整有较大可能产生耕地被占用、青苗或林木等损失，而得不到合理的补偿；权属调整后，有较大可能土地分配方案不公平，以前的好地经过并地重新分配后变成了坏地，造成了自身利益的损害；权属调整有较大可能对利益主体之间产生更多的权属纠纷和矛盾。

假设，农户对权属调整好的前景所有的结果（x_1-x_n）都有各自的概率（p_1-p_n），坏的前景所有的结果（y_1-y_n）都有各自的概率（q_1-q_n），因此，农户对权属调整未来收益效用的表达式为：

$$U\ (x_1,\ p_1;\ x_2,\ p_2;\ \cdots;\ x_n,\ p_n) \tag{4.1}$$

农户对权属调整未来损失效用的表达式为：

$$U\ (y_1,\ q_1;\ y_2,\ q_2;\ \cdots;\ y_n,\ q_n) \tag{4.2}$$

将农户对土地整治权属调整的期望效用函数绘在图上（见图4-1），可以看出，前景 E 为横坐标，表示农户对权属调整的各类前景，其中坐落在 O 点的横坐标右侧为农户对权属调整的未来预期收益，坐落在 O 点的横坐标左侧为农户对权属调整的未来预期损失。效用 U 为纵坐标，其中坐落在 O 点的横坐标右侧为农户对权属调整的未来预期收益函数 $U\ (x_1,\ p_1;\ x_2,\ p_2;\ \cdots;\ x_n,\ p_n)$，坐落在 O 点的横坐标左侧为农户对权属调整的未来预期损失函数 $U\ (y_1,\ q_1;\ y_2,\ q_2;\ \cdots;\ y_n,\ q_n)$。当农户对权属调整未来预期收益函数大于未来预期损失函数时，农户愿意支持权属调整；当农户对权属调整未来预期收益函数小于未来预期损失函数时，农户不愿意支持权属调整。因此，农户愿意支持权属调整的充分条件为：

$$U\ (x_1,\ p_1;\ x_2,\ p_2;\ \cdots;\ x_n,\ p_n) > U\ (y_1,\ q_1;\ y_2,\ q_2;\ \cdots;\ y_n,\ q_n) \tag{4.3}$$

农户不愿意支持权属调整的充分条件为：

$$U\ (x_1,\ p_1;\ x_2,\ p_2;\ \cdots;\ x_n,\ p_n) < U\ (y_1,\ q_1;\ y_2,\ q_2;\ \cdots;\ y_n,\ q_n) \tag{4.4}$$

第二节 农户未来预期对权属调整意愿影响的实证分析

一、研究区域与数据来源

本节选取广西崇左市龙州县作为研究区域。累计发放农户问卷285份，其中有效问卷257份，有效率90.18%。

数据处理前，先对样本数据进行信度和效度检验。采用 α 信度系数法，信度检验的 *Cronbach's Alpha* 值为0.658；再采用 *KMO* 检验以及Bartlett's 球形检验测定因子分子的可行性，效度检验的 *KMO* 值为0.576，Bartlett's 球形检验的 *Sig.* 值为0.000，表明样本数据具有较好的信度和

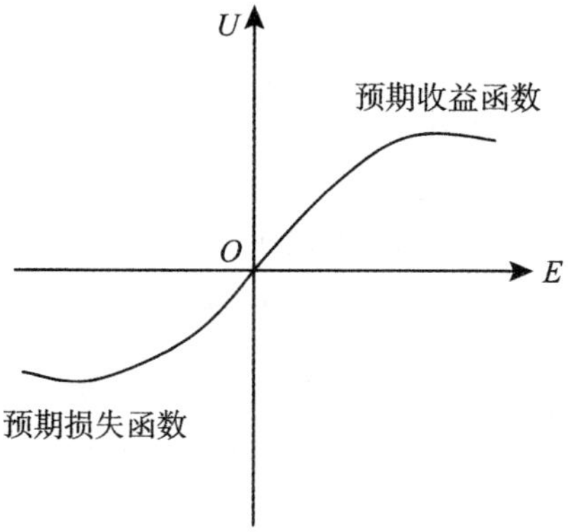

图 4-1 农户对土地整治权属调整的期望效用函数

效度。

二、计量模型构建

农户对土地整治权属调整的意愿受各种主客观因素的影响。为了检验上述研究假设，本节构建如下的计量模型：

$$Y = f(x_1, x_2, \cdots, x_{10}) + \varepsilon \tag{4.5}$$

式（4.5）中，被解释变量 Y 为农户对土地整治权属调整的意愿，愿意支持赋值为 1，不愿意支持赋值为 0；x_1-x_{10}为解释变量；ε 表示随机干扰项。

表 4-1 **计量模型的解释变量**

变量代码	变量名称	变量解释
X_1	提高农业产量	①可能性非常小 ②可能性比较小 ③可能性一般 ④可能性比较大 ⑤可能性非常大
X_2	改善农业基础设施条件	①可能性非常小 ②可能性比较小 ③可能性一般 ④可能性比较大 ⑤可能性非常大

续表

变量代码	变量名称	变量解释
X_3	提高农业机械化使用率	①可能性非常小　②可能性比较小　③可能性一般　④可能性比较大　⑤可能性非常大
X_4	提高规模化经营程度	①可能性非常小　②可能性比较小　③可能性一般　④可能性比较大　⑤可能性非常大
X_5	改善农田景观	①可能性非常小　②可能性比较小　③可能性一般　④可能性比较大　⑤可能性非常大
X_6	获得新增耕地	①可能性非常小　②可能性比较小　③可能性一般　④可能性比较大　⑤可能性非常大
X_7	未进行表土剥离致耕地质量下降	①可能性非常小　②可能性比较小　③可能性一般　④可能性比较大　⑤可能性非常大
X_8	变更过程中的利益受损得不到补偿	①可能性非常小　②可能性比较小　③可能性一般　④可能性比较大　⑤可能性非常大
X_9	权属调整后土地分配不公	①可能性非常小　②可能性比较小　③可能性一般　④可能性比较大　⑤可能性非常大
X_{10}	引发权属纠纷和矛盾	①可能性非常小　②可能性比较小　③可能性一般　④可能性比较大　⑤可能性非常大

三、计量方法选择

农户对权属调整的意愿只有愿意支持和不愿意支持两种情况，对于被解释变量是非连续的且为二分类变量时，采用二元 Logistic 回归模型进行分析，并通过最大似然估计法对回归参数进行估计（王济川和郭志刚，2001）。假设农户 x_i 对权属调整选择愿意参与的概率为 P_i，则 $1-P_i$ 为不愿意参与的概率，则 Logistic 回归方程如下：

$$P_i = P(Y = \frac{1}{x_1, x_2, \cdots, x_n}) = \frac{\exp\left(\beta_0 + \sum_{i=1}^{n}\beta_i x_i\right)}{1 + \exp\left(\beta_0 + \sum_{i=1}^{n}\beta_i x_i\right)}$$

$$\ln\frac{p_i}{1 - P_i} = \beta_0 + \sum_{i=1}^{n}\beta_i x_i \tag{4.6}$$

式（4.6）中，x_i为各影响因素；β_0为截距项；β_i是 x_i（$i=1, 2, \cdots, n$）对应的偏回归系数；exp（·）是以自然对数为底的指数。

四、模型估计与计量结果分析

（一）模型估计

本节运用 SPSS 软件对农户调查数据进行 Logistic 回归处理。为避免多重共线性，本节采用 Stepwise = backward 方法（王济川和郭志刚，2001），得出估计结果（见表 4-2），表明模型从整体上拟合效果良好，有显著的解释能力。从模型适当性而言，采用似然比指数来进行评价。似然比指数 −2Log L（Likelihood Ratio）近似服从 X^2 分布，在回归分析中用来检验模型统计量是否显著（王济川和郭志刚，2001），LR 中 $P<0.0001$，极显著，说明解释变量对被解释变量有显著的解释能力。

表 4-2　**Logistic 模型估计结果**

变量名	回归系数	标准差	显著性概率
截距项	−7.937***	2.256	0.000
X_2 改善农业基础设施条件	0.869***	0.299	0.004
X_3 提高农业机械化使用率	0.460**	0.207	0.026
X_4 提高规模化经营程度	0.386**	0.216	0.074
X_6 获得新增耕地	0.996**	0.413	0.016
X_7 未进行表土剥离致耕地质量下降	−0.598**	0.267	0.025

续表

变量名	回归系数	标准差	显著性概率
X_9调整后土地分配不公	-1.014^{***}	0.310	0.001
X_{10}引发权属纠纷和矛盾	-0.363^{*}	0.277	0.190
-2Log L（Likelihood Ratio）	0.000^{***}		

注：模型中选取显著性水平 $\alpha=0.20$ 的标准，<0.01 为 ***，0.10 为 **，0.20 为 *。

（二）计量结果分析

第一，从农户对未来预期收益来看，改善农业基础设施条件对农户权属调整意愿的正向影响在<0.01 的水平上是显著的。农户对土地整治权属调整改善农业基础设施条件的未来预期越大，农户对权属调整的支持意愿越强烈。提高农业机械化使用率对农户权属调整意愿的正向影响在 0.1 的水平上是显著的。农户对土地整治权属调整提高农业机械化使用率的未来预期越大，农户对权属调整的支持意愿越强烈。提高规模化经营程度对农户权属调整意愿的正向影响在 0.1 的水平上是显著的。农户对土地整治权属调整提高规模化经营程度的未来预期越大，农户对权属调整的支持意愿越强烈。获得新增耕地对农户权属调整意愿的正向影响在 0.1 的水平上是显著的。农户对土地整治权属调整获得新增耕地的未来预期越大，农户对权属调整的支持意愿越强烈。

提高农业产量对农户权属调整意愿的正向影响没有通过显著性检验，可能的原因在于，土地整治权属调整通过归并整合土地来改善农业基础设施条件、提高农业机械化运作和规模化经营，从而达到农业产量提高的目的。可见，土地整治权属调整对提高农业产量属于间接影响，可能在一定程度影响了农户的未来预期收益。改善农田景观对农户权属调整意愿的正向影响没有通过显著性检验，可能的原因在于，改善农田景观属于土地整治权属调整的生态景观效应，提高农户耕地的美学价值。就当前而言，农民更注重农地的经济价值，对农地美学价值的敏感性不强，可能在一定程度上影响了农户的未来预期收益。

第二，从农户对未来预期损失来看，未进行表土剥离致耕地质量下降对农户权属调整意愿的负向影响在 0.1 的水平上是显著的。农户对土地整治权属调整未进行表土剥离致耕地质量下降的未来预期越大，农户不支持权属调整的意愿就越强烈。权属调整后土地分配不公对农户权属调整意愿的负向影响在<0.01 的水平上是显著的。农户对土地整治权属调整后土地分配不公的未来预期越大，农户不支持权属调整的意愿就越强烈。引发权属纠纷和矛盾对农户权属调整意愿的负向影响在 0.2 的水平上是显著的。农户对土地整治权属调整引发权属纠纷和矛盾的未来预期越大，农户不支持权属调整的意愿就越强烈。

变更过程中的利益受损得不到补偿对农户权属调整意愿的负向影响没有通过显著性检验，可能的原因在于，土地整治权属调整过程中造成的利益损失类型主要包括青苗压占、林木损毁、坟墓迁移等。当前政策上对这些损失都有补偿标准，因此，可能在一定程度减弱了农户对未来预期损失的程度。

第三节　农户支持土地整治权属调整的政策建议

一、加强土地整治权属调整政策的广泛宣传与动员工作

充分重视并积极宣传土地整治的目的和意义，让广大农民群众认识到土地整治是促进农业增产、农民增收、农村发展的重要手段，是一项利国利民的“民生工程”，使农户对权属调整拥有乐观的预期。充分采取公告栏、村组会议等多种有效的形式进行权属调整的动员工作，进一步发挥村委会在农户与地方政府、工程技术人员的桥梁作用，利用他们在群众中的威信和工作经验，促进农户对权属调整产生积极的认知行为响应。

二、完善土地整治的法制建设和权属管理的政策措施

西方国家拥有一套涵盖土地基本法、土地利用法、规划与建设立法、土地整治法、资源环境保护法等内容的法律体系。虽然，中国土地整治已建立一定的法律法规和行业标准，但未颁布专门的土地整治法，制约着权属调整工作的顺利推进。因此，完善土地整治法律建设和规范管理是促进农户对未来产生积极预期、加强土地整治权属调整前农户认知行为响应的必然选择。一是加快土地整治法的出台，推进权属调整与现存法律的协调与衔接；二是建立兼具科学性和地方弹性的权益量化标准，化解权属调整中利益主体间的产权纠纷，保护农户的利益，积极争取广大农民群众的支持。

三、重视农地细碎化治理，推进农业现代化发展

土地整治项目应着眼于改善农地细碎化程度，在农地细碎化程度较高的地区应该优先实施土地整治项目，并在这些地区率先探讨因地制宜的权属调整方式和流转结合模式，为其他地区土地整治权属调整工作提供示范效应。在此基础上，通过提高农业基础设施条件，促进农业产业化、规模化和机械化的发展，这样不仅能够提高农户对权属调整的认知程度，提升农户对权属调整的支持意愿，而且能够促进现代农业的发展。

四、充分尊重农民意愿，切实加大公众参与力度

土地整治的最终受益人是广大农民，权属调整的直接利益主体也是广大农民。农民最了解农村、最熟悉自己脚下的土地，在土地整治权属调整过程中也最有发言权。充分尊重农民意愿、调动农民群众的积极性，才能有效提高农户对权属调整的认知行为响应，推动权属调整工作的顺利开展。

权属调整方案的制定要遵循“以人为本”的原则，落实农民的意愿，切实减少权属调整中的纠纷和矛盾。对于已经产生的异议和纠纷，应坚持

公开、公平、公正的原则，重点对权属调整过程中产生的利益主体间的异议、土地质量异议、土地分配异议进行协商调处。经协商仍有异议者，应畅通其利益表达渠道，依法依规做好权属调整异议处理工作。

第四节　本 章 小 结

本章运用期望效用理论，分析不确定条件下农户未来的预期收益和预期损失效用函数对权属调整意愿的影响机理，并利用农户问卷调查数据，采用 Logistic 模型进行实证检验，提出提高农户土地整治权属调整意愿的政策建议：①加强土地整治权属调整政策的广泛宣传与动员工作；②完善土地整治的法制建设和权属管理；③重视农地细碎化治理，推进农业现代化发展；④充分尊重农民意愿，切实加大公众参与力度。

第五章　土地整治权属调整的农户参与行为研究

本章对土地整治权属调整的农户参与行为分析从两个部分展开：一方面，需要明确农户参与行为对土地整治权属调整工作会产生什么影响。本章通过构建土地整治权属调整过程中农户参与的合作博弈模型，分析土地整治权属调整过程中的帕累托最优选择，并实证验证农户参与对土地整治权属调整满意度的影响。另一方面，需要明确农户参与土地整治权属调整行为的影响因素是什么。本章求解单个农户参与土地整治权属调整意愿的最优反应函数，并实证分析农户参与土地整治权属调整意愿的影响因素。基于以上两个方面，揭示土地整治权属调整的农户参与行为机理，并提出提高农户参与土地整治权属调整的政策建议。

第一节　农户参与对土地整治权属调整满意度的影响

一、农户参与对土地整治权属调整满意度影响的理论分析

采用农户合作博弈模型分析农户参与对土地整治权属调整方案的影响。假设农户合作博弈是一个静态博弈，博弈局中人为政府和项目区农户，图 5-1 给出了两者的战略式表达。在土地整治权属调整过程中，政府有两种战略选择：鼓励农户参与和不鼓励农户参与。鼓励农户参与完成权属调整方案的制定，实质上就是将农户的乡土知识、农业生产经验和生活体会同权属调整方案制定人员的专业知识和技能更好地融合，使权属调整

方案更加科学合理，符合项目区的地域特点和农户的现实需求，使土地整治项目发挥更大的作用，获得更好的效益，假设收益为4；不鼓励农户参与，其结果就是土地整治项目权属调整方案不太符合当地的实际情况，使土地整治项目的作用受到影响，其效益降低，假设收益为2。在此阶段，农户也有两种战略选择：参与和不参与。若农户选择不参与，同样也能获得土地整治权属调整带来的好处，假设收益为2；农户若选择参与，就会陪同权属调整方案制定人员深入田间地头进行调查，如实反映项目区农业生产所面临的问题，并提出改善农业生产的建议，使项目权属调整方案更加符合当地实际和农户需求，因此土地整治的效益更高，假设收益为4。

		政府	
		鼓励	不鼓励
农户	合作	4，4	1，2
	不合作	2，1	2，2

图5-1　农户和政府的战略式表达

当政府选择鼓励，农户选择参与这一战略组合时，两者的收益为（4，4）；当政府不鼓励，农户不参与，收益为（2，2）；当政府不鼓励，农户选择参与时，政府得到的效益仍为2，但是农户参与了权属调整方案的制定过程，应该考虑机会成本，假设为1，则战略组合的收益为（1，2）；当政府鼓励，而农户不参与，农户得到的效益仍为2，但是政府要支付政策制定与宣传成本，假设为1，则收益应为（2，1）。在此模型中，通过划线法可以得出纳什均衡为（4，4），同时这个均衡也是占优均衡。纳什均衡表明政府应鼓励农户参与完成权属调整方案的制定，而且农户也应选择参与，才会实现帕累托最优。

二、农户参与对土地整治权属调整满意度影响的实证研究

（一）研究区域与数据来源

本节选取广西崇左市龙州县作为研究区域。累计发放农户问卷 285 份，其中有效问卷 257 份，有效率 90.18%。

数据处理前，先对样本数据进行信度和效度检验。采用 α 信度系数法，信度检验的 *Cronbach's Alpha* 值为 0.658；再采用 *KMO* 检验以及 Bartlett's 球形检验测定因子分子的可行性，效度检验的 *KMO* 值为 0.576，Bartlett's 球形检验的 *Sig.* 值为 0.000，表明样本数据具有良好的信度和效度。

（二）计量模型构建

在理论分析的基础上，本节选取“农户对土地整治权属调整的满意度”作为被解释变量，采用李克特量表对这一指标进行度量，其中，1 表示非常不满意，2 表示比较不满意，3 表示一般，4 表示比较满意，5 表示非常满意。

本节选取“农户参与土地权属调查与质量评价”“农户参与土地平整工程的施工监督”“农户参与制定权属调整方案”和“农户参与土地重新分配与权属登记”等四个指标作为解释变量“土地权属调整过程中农户的参与程度”的衡量标准，采用李克特量表进行度量，其中，1 表示参与，0 表示没参与。

为了分析被解释变量与解释变量之间的关系，本节构建计量模型如式（5.1）：

$$Y = f(x_1 + x_2 + x_3 + x_4) + \varepsilon \tag{5.1}$$

式（5.1）中，Y 为被解释变量，是农民对土地整治权属调整的满意度；x_1-x_4 为解释变量，其中，x_1 为农户参与土地权属调查与质量评价，x_2 为农户参与土地平整工程的施工监督，x_3 为农户参与制定权属调整方案，

x_4 为农户参与土地重新分配与权属登记；ε 表示随机干扰项。

（三）计量方法选择与模型估计

由于被解释变量属于定序变量，本节选择定序回归模型对其进行计量分析。从模型的适当性来看，-2Log L（Likelihood Ratio）极显著，表明模型的拟合效果好，线性关系在 0.000 的置信水平下显著成立。进一步对各个解释变量的解释能力进行 t 检验，结果显示解释变量 x_2 和 x_3 没有通过显著性检验，其他解释变量 x_1 和 x_4 对被解释变量具有显著的解释能力。

表 5-1 **模型回归结果**

变量名称	*Coef.*	*Std. Err.*	*Wald*	$P>\|z\|$
X_1 农户参与土地权属调查与质量评价	0.642**	0.321	0.300	0.032
X_4 农户参与土地重新分配与权属登记	0.480*	0.322	2.216	0.137
Number of obs =257 Prob > chi2 = 0.092 -2Log L（Likelihood Ratio）= 51.07				

注：模型中选取显著性水平 $\alpha=0.15$ 的标准，<0.01 为 ***，0.05 为 **，0.15 为 *。

（四）计量结果

“农户参与土地权属调查与质量评价”在 0.05 的水平上是显著的，回归系数为正，与理论分析一致。在其他解释变量一定的条件下，农户参与土地权属调查与统计过程，通过参与土地面积丈量、权属登记等工作，查清土地利用和权属调整现状，是减少权属调整的异议及产权纠纷的基础，对提高农户对权属调整方案的满意度具有重要意义。

“农户参与土地平整工程的施工监督”没有通过显著性检验，可能的原因在于，通过前文的统计性描述，当前只有近15%的农户参与了土地平整工程，参与数量少，而且，农户较难熟悉与掌握目前的土地平整工程施工规范，即使参与进去也很难对施工人员的行为进行观测。但回归系数为正，一定程度上可以说明，在其他解释变量一定的条件下，农户参与土地平整工程，农户对土地整治权属调整方案的满意度会有所提高。

“农户参与制定权属调整方案”没有通过显著性检验，可能的原因在于，项目区通过召开村民大会的形式，就权属调整方案广泛征询农户的意见。村民大会一般是以台上讲话、台下倾听为主要形式，互相讨论并不多见，缺少双方信息互动反馈的过程。但回归系数为正，一定程度上可以说明，在其他解释变量一定的条件下，农户参与讨论确定权属调整方案，农户对土地整治权属调整方案的满意度会有所提高。

“农户参与土地重新分配与权属登记”在0.15的水平上是显著的，回归系数为正，与理论分析一致。在其他解释变量一定的条件下，农户参与土地产权调整，坚持公开、公平、公正的原则，充分尊重项目区农户的意见，有利于制定出科学合理的权属调整实施方案，从而提高农户对土地整治权属调整的满意度。

第二节 农户参与土地整治权属调整意愿的影响因素

通过农户参与对土地整治权属调整满意度影响的理论与实证研究，找出了农户的最优选择，以下建立拉格朗日方程计算农户最优选择下单个农户最优反应函数，分析农户参与土地整治权属调整意愿的影响因素，从而揭示土地整治权属调整的农户参与行为机理。

一、农户参与土地整治权属调整意愿影响因素的理论分析

（一）求解单个农户最优反应函数

假设1：土地整治项目区有 n 个农户，农户为实现帕累托最优选择参

与，共同完成权属调整方案的制定，则第 i 个农户提供权属调整方案的服务量为 y_i。

假设 2：土地整治项目区农户的效用函数为柯布-道格拉斯效用函数：

$$U_i(x_i, Y) = x_i^{\alpha} Y^{\beta} \qquad i = 1, 2, \cdots, n \tag{5.2}$$

式（5.2）中，x_i为农户 i 消费的私人物品量，Y 为土地整治项目区提供的公共物品数量，$x_i>0$，$Y>0$；α 和 β 都是描述农户在消费私人物品或公共物品偏好的正数（$\alpha+\beta=1$，$0<\alpha<1$，$0<\beta<1$），分别代表了私人物品和公共物品消费对于农户的重要性。

假设 3：项目区公共物品数量 Y 只考虑 n 个农户提供权属调整方案的服务量和政府提供权属调整方案的服务量两类，公共物品数量为：

$$Y = \sum_{i=1}^{n} r_i y_i + \delta g \tag{5.3}$$

式（5.3）中，r_i为不同农户参与对土地整治项目的影响；δ 为政府对土地整治项目的影响；g 为政府提供的土地整治权属调整方案的服务量（$r_i>0$，$\delta>0$，$g>0$）。土地整治项目区内农户面临的问题是在收入 M_i约束条件下，选择自己的最优策略（x_i，y_i），使其效用函数 U_i（x_i，Y）达到最优。

假设 4：农户收入主要用于私人物品的消费和公共物品的消费，且公共物品只考虑土地整理项目区提供的公共物品数量。

$$M_i = p_x x_i + p_y y_i \tag{5.4}$$

式（5.4）中，p_x为私人物品的价格，p_y为公共物品的价格，M_i为农户收入。

在以上假定条件成立的前提下，假定 $\frac{\partial U}{\partial x_i} > 0$，$\frac{\partial U}{\partial Y} > 0$，农户私人物品和公共物品的边际替代率递减，则农户效用最大化的拉格朗日算式为：

$$L = U_i(x_i, Y) + \lambda(M_i - p_x x_i - p_y y_i) \tag{5.5}$$

农户效用最大化的一阶条件为：$\frac{\partial L}{\partial y_i} = 0$，$\frac{\partial L}{\partial x_i} = 0$，得出如下的均衡条件：

$$\frac{\beta x_i^{\ \alpha} Y^{\beta-1}}{\alpha x_i^{\ \alpha-1} Y^{\beta}} r_i = \frac{p_y}{p_x} \tag{5.6}$$

如果其他人的选择给定，每个农户选择购买公共物品就如同私人物品一样。n 个均衡条件决定了公共物品自愿供给函数为：

$$y* = \{y_1 *,\ y_2 *,\ \cdots,\ y_n *\} \tag{5.7}$$

将式（5.6）代入式（5.4），整理得出单个农户最优反应函数为：

$$y* = \frac{M_i}{p_y} - \frac{\alpha}{\beta}\frac{1}{r_i}\left(\sum_{i=1}^{n} r_i y_i + \delta g\right) \tag{5.8}$$

（二）单个农户最优反应函数的经济学含义

对单个农户最优反应函数中 r_i 求一阶导数，可得：

$$\frac{\partial y^*}{\partial r_i} = \frac{\alpha\delta g}{\beta r_i^2} > 0 \tag{5.9}$$

式（5.9）表示在其他条件不变的情况下，农户参与土地整治权属调整的意愿同农户投入土地整治权属调整方案的服务量呈正相关。农户参与土地整治权属调整的意愿可能是由户主个体特征、家庭资源禀赋、村庄特征、农户对权属调整的认知造成的。本节选取户主是否接受过农业技术培训、是否为村干部来描述户主个体特征，农户耕地细碎化对农业生产的影响、农户类型来描述农户家庭资源禀赋，是否和村委会签订承包经营权合同来描述村庄特征，农户对权属调整的未来预期来描述农户认知程度。户主接受过农业技术培训，对权属调整重要意义的认识更加充分，参与意愿越强。户主为村干部，对参与权属调整重要性的认识会越深，其参与意愿就越高。农户耕地细碎化对农业生产的影响程度高，农户参与权属调整的意愿也就越强烈。农户类型越倾向于纯农户，权属调整对其改善农业生产的意义更大，参与意愿越强烈。和村委会签订过承包经营权合同的农户，其土地产权更具有保障，对权属调整的顾虑越小，参与权属调整的意愿更为强烈。农户对权属调整的未来预期越好，支持意愿更为强烈。

对单个农户最优反应函数中 M_i 求一阶导数，可得：

$$\frac{\partial y^*}{\partial M_i} = \frac{1}{p_y} > 0 \tag{5.10}$$

式（5.10）表示在其他条件不变的情况下，农户收入同农户投入权属调整的服务量呈正相关。本节选取农业收入占家庭总收入的比例作为衡量农业收入的指标。农业收入占家庭总收入的比例越高，农户对耕地依赖程度越高，参与权属调整的意愿越强。

对单个农户最优反应函数中 p_y 求一阶导数，可得：

$$\frac{\partial y^*}{\partial p_y} = -\frac{p_x x_i}{p_y^2} < 0 \tag{5.11}$$

式（5.11）表示在其他条件不变的情况下，公共物品价格同农户投入权属调整的服务量呈负相关。本节选取投工投劳是否有补贴，作为分析公共物品价格的指标。农户参与权属调整过程，必然要投入时间和劳动，把此机会成本转化为公共物品的价格。根据劳动要素供给原理，公共物品价格过高（即机会成本过高），农户劳动投入量减少，参与意愿也会降低；若农户合作中的投工投劳有补贴，就会降低农户的参与成本，农户参与意愿增加。

二、权属调整过程中农户参与意愿影响因素的实证分析

（一）研究区域与数据来源

本节的研究区域选取湖北省潜江市、天门市、恩施土家族苗族自治州的咸丰县和宣恩县。2015 年 12 月课题组在武汉市江夏区、咸宁市咸安区、咸宁市通山县分别调研了 7 个街道 11 个乡镇，共计 52 个行政村，分别收回有效样本 477 份问卷。

在数据处理之前，采用 α 信度系数法以及效标效度方法，运用 SPSS Statistics 对样本数据进行信度和效度检验，信度检验的 *Cronbach's Alpha* 值为 0.842，表明问卷的信度系数较好；再采用 *KMO* 检验以及 Bartlett's 球形检验测定因子分子的可行性，效度检验的 *KMO* 值为 0.600，Bartlett's 球形

检验的 Sig. 值为 0.000，表明样本数据效度能够接受。

（二）计量模型构建

农户对土地整治权属调整的参与意愿受各种主客观因素的影响。为了检验上述研究假设，本节构建如下的计量模型：

$$Y = f(x_1,\ x_2,\ \cdots,\ x_8) + \varepsilon \tag{5.12}$$

式（5.12）中，被解释变量 Y 为农户对土地整治权属调整的参与意愿，愿意参与赋值为1，不愿意参与赋值为0；x_1-x_8 为解释变量；ε 表示随机干扰项。

表 5-2　　**计量模型的解释变量**

影响因素及变量分组代码	变量代码	变量名称	变量解释
户主个体特征	X_1	户主是否接受过农业技术培训	1=是；0=否
	X_2	户主是否为村干部	1=是；0=否
农户家庭资源禀赋	X_3	家庭耕地细碎化对农业生产的影响	1=影响非常小；2=影响比较小；3=一般；4=影响比较大；5=影响非常大
	X_4	农户类型	1=纯农户；2=以农业生产为主的兼业农户；3=以非农业生产为主的兼业农户；4=纯非农户
村庄特征	X_5	是否和村委会签订承包经营权合同	1=是；0=否
农户对权属调整认知情况	X_6	农户对权属调整的未来预期	1=对农民的帮助非常小；2=对农民的帮助比较小；3=对农民的帮助一般；4=对农民的帮助比较大；5= 对农民的帮助非常大

续表

影响因素及变量分组代码	变量代码	变量名称	变量解释
农户收入情况	X_7	农业收入占家庭总收入的比例	连续性变量
公共物品价格	X_8	投工投劳参与项目是否有补贴	1=有补贴；0=无补贴

（三）计量方法选择

农户参与意愿只有愿意参与、不愿意参与两种情况，对于被解释变量是非连续的且为二分类变量时，采用二元 Logistic 回归模型进行分析，并通过最大似然估计法对回归参数进行估计（王济川和郭志刚，2001）。假设农户 x_i 对权属调整选择愿意参与的概率为 P_i，则 $1-P_i$ 为不愿意参与的概率，则 Logistic 回归方程如下：

$$\ln \frac{p_i}{1-P_i} = \beta_0 + \sum_{i=1}^{n} \beta_i x_i$$

$$P_i = P\left(Y = \frac{1}{x_1,\ x_2,\ \cdots,\ x_n}\right) = \frac{\exp\left(\beta_0 + \sum_{i=1}^{n} \beta_i x_i\right)}{1 + \exp\left(\beta_0 + \sum_{i=1}^{n} \beta_i x_i\right)} \tag{5.13}$$

式（5.13）中，x_i 为各影响因素；β_0 为截距项；β_i 是 x_i（$i=1,\ 2,\ \cdots,\ n$）对应的偏回归系数；exp（·）是以自然对数为底的指数。

（四）模型估计与计量结果分析

1. 模型估计

本节运用 SPSS 软件对 477 个农户调查数据进行 Logistic 回归处理。为避免多重共线性，本节采用 Stepwise = backward 方法（王济川和郭志刚，2001），得出估计结果（见表 5-3），表明模型从整体上拟合效果良好，有显著的解释能力。从模型适当性而言，采用似然比指数来进行评价。似然比指数-2Log L（Likelihood Ratio）近似服从χ^2分布，在回归分析中用来检验模型统计量是否显著（王济川和郭志刚，2001），LR 中 $P<0.0001$，极显著，说明解释变量对被解释变量有显著的解释能力。

表 5-3　　**Logistic 模型估计结果**

变量名	回归系数	标准差	显著性概率
截距项	−0.053	0.412	0.898
X_1 户主是否接受过农业技术培训	0.513 *	0.355	0.149
X_3 家庭耕地细碎化对农业生产的影响	−0.231 ***	−0.086	0.007
X_4 农户类型	−0.154 *	−0.081	0.058
X_5是否和村委会签订承包经营权合同	0.918 **	0.273	0.001
−2Log L（Likelihood Ratio）	<0.0001		

注：模型中选取显著性水平 $\alpha=0.15$ 的标准，<0.01 为 ***，0.05 为 **，0.15 为 *。

2. 计量结果分析

从户主个体特征来看，户主是否接受过农业技术培训在0.15的水平上是显著的，回归系数为正。说明接受过农业技术培训的农户比没有接受过农业技术培训对权属调整工作的认识更为深入，更愿意参与权属调整，以治理耕地细碎化程度，促进农业机械化耕种和规模化经营。户主是否为村干部没有通过显著性检验，但回归系数为正，在一定程度上可表明成为村干部的农户，更了解权属调整的政策和作用，也更愿意参与权属调整工作。

从农户家庭资源禀赋来看，家庭耕地细碎化对农业生产的影响在<0.01的水平上是显著的，回归系数为负。家庭耕地细碎化对农业生产的影响越大，表示耕地细碎化程度越严重，农户进行机械化操作和规模化经营就越困难，因此农户土地整治权属调整的参与意愿更加强烈。农户类型

在<0.01 的水平上是显著的，回归系数为负。农户家庭越倾向于从事农业生产，对权属调整工作的需求越大，因此农户土地整治权属调整的参与意愿更加强烈。

从村庄特征来看，是否和村委会签订承包经营权合同在<0.01 的水平上是显著的，回归系数为正。说明拥有承包经营权合同的农户，对农户行使土地权利的更具有保护，农户进行权属调整的顾虑更小，参与权属调整的意愿也更为强烈。

从农户对整治项目的认知程度来看，农户对整治项目的认同程度没有通过显著性检验，但回归系数为正。这说明农户对权属调整的认可度越高，农户参与权属调整的意愿也越强。

从农户收入角度分析，农业收入占家庭总收入的比例没有通过显著性检验，但回归系数为正，在一定程度上可以说明农业收入占家庭总收入的比例越高，农户参与意愿越强烈。

从公共物品价格来看，投工投劳参与项目是否有补贴没有通过显著性检验，可能的原因是：一方面，政府投资土地整治，目的是为了改善农村落后的农业生产基础设施条件，许多受访农民表示，并不介意投入一些无偿劳动到项目中；另一方面，现行土地整治预算定额并没有权属调整工作的列支项目，无法满足权属调整农户投工投劳的补贴需要，很难激励农户的合作行为，以至于对农户参与意愿的影响不显著。

第三节 提高土地整治权属调整农户参与行为的政策建议

本节运用农户合作博弈模型从理论上分析土地整治权属调整过程中的帕累托最优选择，通过定序回归模型从实证上验证农户参与对土地整治权属调整方案的影响；在此基础上，求解单个农户参与的最优反应函数，并利用 Logistic 回归模型分析土地整治权属调整过程中农户参与行为的影响因素，得到土地整治权属调整过程中农户参与行为响应的政策建议。

一、完善土地整治的法律制度建设是农户有效参与的根本保障

无论是土地权属调整的实施，还是农户参与权属调整的程序，都必须依法进行。在土地整治法制建设的基础上，完善农民参与土地整治权属调整的制度政策，使农民参与权属调整过程有章可循；并在此基础上制定相应的实施细则，使农民参与权属调整过程落在实处。

二、构建农民参与权属调整的培训制度是农户有效参与的基本条件

建立农民参与土地整治的培训制度，包括确定权属调整方案、土地权界调查与面积质量的统计、土地平整工程的实施和验收、土地产权调整与分配等知识和技能，使其能够具备在土地整治权属调整过程中参与的基本知识和技能，有效提高农民全过程的参与程度。

三、农民有偿参与权属调整是农户有效参与的驱动力

应将权属调整工作费用列支进入土地整治项目投资预算，加大当前投资预算中土地清查费、测量费等比重；将农民参与的成本纳入土地整治权属调整的工作经费；明确农户参与权属调整工作的权利和义务，并以此为依据明确其工作酬劳的数额，调动农户参与权属调整过程的积极性。

第四节　本章小结

本章从两个方面开展土地整治权属调整的农户参与行为研究。

一方面，通过构建土地整治权属调整过程中农户参与的合作博弈模型，分析土地整治权属调整过程中的帕累托最优选择，并通过实证验证农户参与对土地整治权属调整满意度的影响。这是回答“农户参与行为对土地整治权属调整工作会产生什么影响?”的问题。

另一方面，通过农户参与对土地整治权属调整满意度影响的理论与实

证研究，找出了农户的最优选择，并在此基础上建立拉格朗日方程计算农户最优选择下单个农户最优反应函数，分析农户参与土地整治权属调整意愿的影响因素，从而揭示土地整治权属调整的农户参与行为机理。

通过以上分析，本章得出提高土地整治权属调整农户参与行为的政策建议：①完善土地整治的法律制度建设是农户有效参与的根本保障；②构建农民参与权属调整的培训制度是农户有效参与的基本条件；③农民有偿参与权属调整是农户有效参与的驱动力。

第六章　土地整治权属调整对农户生计决策的影响

土地整治权属调整后的农户决策行为是指权属调整实施后对农户生产和投入行为的影响。依据可持续生计框架，土地整治权属调整政策的实施，是通过改变农户的生计资本，进而影响农户的生计决策行为。因此，本章采用可持续生计理论，建立“权属调整——生计资本——生计策略”的逻辑，利用农户问卷调查数据，分析土地整治权属调整对农户生计策略的影响，并提出土地整治权属调整后农户决策行为响应的政策建议。

第一节　土地整治权属调整对农户生计决策影响的理论分析

一、基于可持续生计的农户生计决策行为框架

（一）可持续生计理论

生计的概念起源于20世纪90年代对反贫困的研究中，指家庭或个人为了生存而需要的资产、获得资产的能力及采取的活动（Chambers，1992；Scoones，1998；Ellis，2000）。由于生计的初始概念是对家庭或个人当前谋生能力的静态描述，缺乏对今后发展能力的动态表达，逐渐被可持续生计概念取代。可持续生计概念建立在生计概念的基础之上，指家庭或个人在面临压力和动荡冲击时，能够保持自身的资产和能力，并在长期内能加强

自身的资产和能力（DFID，2000）。

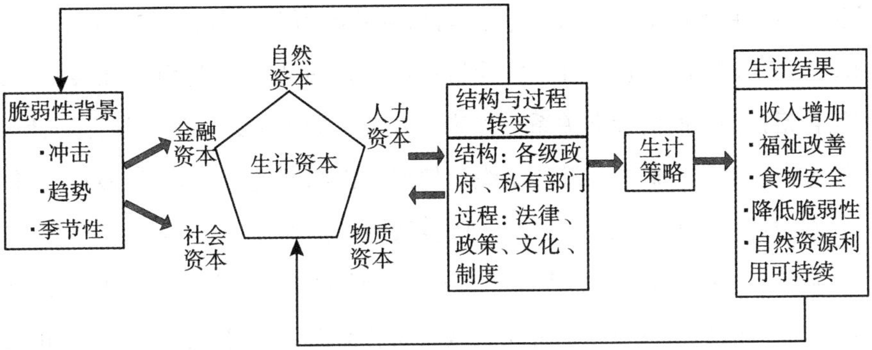

图 6-1　可持续生计分析框架

学术界通过建立可持续生计框架对生计问题进行研究，主要包括英国国际发展署的 DFID 模型、美国非政府组织的 CARE 模型和联合国开发计划署的 UNDP 模型，其中英国国际发展署建立的 DFID 模型应用最为广泛（Su et al，2019；李云新和吕明煜，2019）。DFID 模型包括脆弱性背景、生计资本、结构和过程转变、生计策略、生计结果等五个方面。

第一，脆弱性背景指人们生存的外部环境，对人们的生计会造成根本性改变，主要包括冲击（经济危机、自然灾害等）、趋势（人口变化、资源变化等）和季节性（价格、农业生产等）三个方面（Berg and Keenan，2019；Hasan and Kumar，2019；励汀郁和谭淑豪，2018）。

第二，生计资本包括自然资本、金融资本、物质资本、人力资本、社会资本五个部分。①自然资本指人们可长期使用或支配的自然资源（土地数量、水资源、矿物资源、林木资源等）和生态服务功能（唐国建，2019；范冰雄等，2019）。对于农民而言，土地资源是其赖以生存的生产生活资源，是最为重要的生计保障（杨云彦，2009）。②金融资本指人们可支配或可筹集的资金，包括收入、储蓄、借贷和救助等（孙晗霖等，2019）。③物质资本指人们用于生产和生活的设备和设施，其中设备指劳动所需要的生产工具、投入的种子和化肥等；设施指生产用房、道路、环卫与文体设施等（尚海洋，2012；郭圣乾，2013）。④人力资本指人们为了实现生计目标所拥有的知识、技能和劳动能力等（林怡，2019；伍艳，2016）。⑤社会资本指人们在生计目标的追求过程中所利用的社会资源，不仅包括人们之间的社会关系，如亲朋好友、同事关系、生意伙伴、社区邻居等，还包括人们参与社会组织的情况及组织规范、社会习俗对人们行为的制约（张静和朱玉春，2019；陈良敏等，2019）。

第三，结果与过程转变为影响人们生计的政策、制度、机构和组织（靳小怡，2011）。在学术研究中，政策实施后对人们可持续生计的影响是关注的焦点。在农户可持续生计方面，聚焦于土地征收、退耕还林、生态补偿、移民搬迁、产业扶贫、土地确权、乡村旅游、土地整治等政策的实施效果（董赛赛，2019；李云新和吕明煜，2019；王富珍等 2019；李聪等，2018；胡晗等，2018；许恒周和田浩辰，2018；张超正和杨钢桥，2018；Su et al，2019；Garai et al，2019）。

第四，生计策略指人们对资本利用的配置和经营活动的组合，包括生产活动、投资策略等（刘晨芳和赵微，2018；谢金华等，2018；陈良敏等，2019；涂丽，2018；陈红霞等，2018），直接关系人们生存状态是否能脱离贫困，并保持可持续地发展。

第五，生计结果是生计策略的实施结果，包括是否能够有效增加人们收入、提升福祉、降低生存脆弱性、拥有更为安全的食物、可持续地利用自然资源等（许玉光，2018）。

（二）构建农户生计资本的评价指标体系

依据可持续生计理论，将生计资本分为自然资本、金融资本、物质资本、人力资本和社会资本，见图 6-2。自然资本指农户可长期使用或支配的土地资源的储存和流动，本节采用土地数量、土地质量和耕地生态服务功能来表示，其中土地数量指耕地面积、地块数量；土地质量指地面坡度、土壤肥沃程度、耕地集中程度、灌溉条件、排水条件、田间道路条件等；耕地生态服务功能指耕地气候调节、土壤保持、水源涵养、环境净化、生物多样性维持、景观保持等功能。金融资本指农户可支配或可筹集的资金，包括农户家庭储蓄和获得贷款的难易程度。物质资本指农户用于生产和生活的用具和设施，包括农业机械的使用情况和耐用消费品的数量。人力资本指农户为了实现生计目标所拥有的知识、技能和劳动能力等，用农户整体知识水平、农户整体技能水平、农户整体劳动能力水平等指标表示。社会资本指农民在生计目标的追求过程中所利用的社会资源，包括农户参与土地整治权属调整过程、左邻右舍之间权属纠纷与农业生产的矛盾等指标。

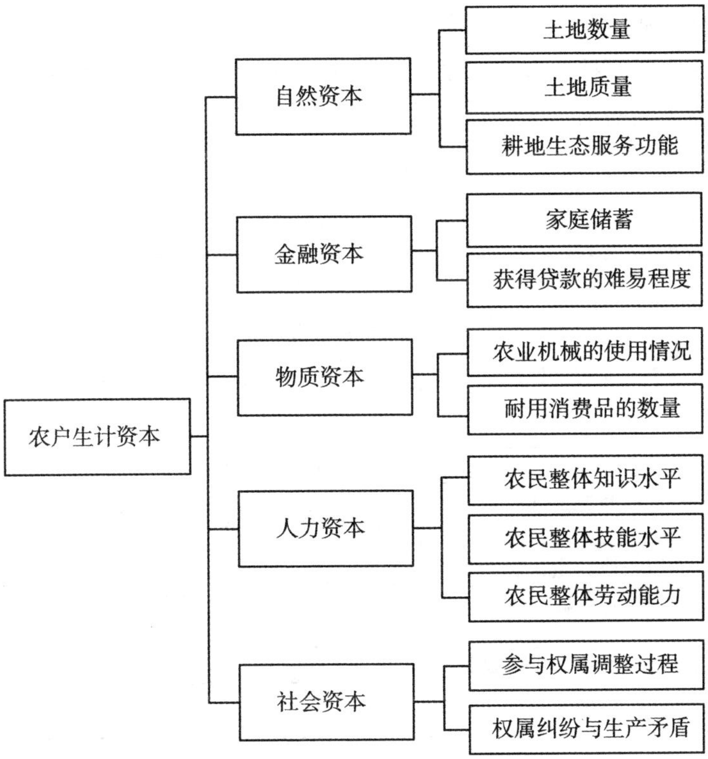

图 6-2　农户生计资本的评价指标体系

（三）农户生计决策的分类

研究农户生计决策，首先要科学划分农户的生计决策的类型。国内外学者对农户生计策略的划分主要基于农户从事生产类型的差异进行划分。Ellis（2000）通过农户从事自然资源相关和不相关的活动，将生计决策分为自然资源的生计策略和非自然资源的生计策略；Scoones（1998）将生计策略划分为单一策略（农业生产）和生计多样性策略（外出打工、经商等）。在此基础上，国内学者依据农业收入占总收入的比重，将生计策略分为纯农型、兼业型和纯非农型（赵文娟，2016；刘恩来，2015；仲俊涛，2015；朱建军，2016）。依据上述研究基础，本节依据农户类型将农户的生计策略划分为单一生计策略和多元生计策略两大类型。农户类型分为纯农业农户、以农业为主、非农业为辅的兼业农户、以非农业为主、农业为辅的兼业农户、纯非农业农户四种类型，这样单一生计策略包含纯农业和纯非农业两种，多元生计策略以农业为主、非农业为辅和以非农业为主、农业为辅两种，见表 6-1。

表 6-1　**农户生计策略的类型**

<table>
<tr><th colspan="2">生计策略类型</th><th>主 要 表 现</th></tr>
<tr><td rowspan="2">单一
生计策略</td><td>单一非农生计策略</td><td>转出承包地或抛荒，外地或本地打工经商
转出承包地给农业企业或合作社，成为农业产业工人</td></tr>
<tr><td>单一农业生计策略</td><td>转入耕地进行规模化种植
不参与流转，经营自家承包耕地或非耕地</td></tr>
<tr><td rowspan="2">多元
生计策略</td><td>以农业为主、非农业为辅生计策略</td><td>经营自家承包耕地，农闲时外出打工或经商</td></tr>
<tr><td>以非农业为主、农业为辅生计策略</td><td>外出打工或经商，农忙时经营自家承包耕地</td></tr>
</table>

二、土地整治权属调整对农户生计决策影响的理论分析

（一）土地整治权属调整对农户生计资本影响的理论分析

1. 土地整治权属调整对农户生计资本的影响

第一，土地整治权属调整对农户自然资本的影响，主要从对耕地数量、耕地质量、耕地生态服务功能三个方面进行分析。

权属调整通过小块并大块，降低田埂系数、废弃的沟渠和道路整治成耕地、废弃的宅基地复垦为耕地、开发宜耕的荒草地等措施增加耕地面积，虽然拓宽或修建机耕道与沟渠可能会占用部分耕地，但从整体而言，耕地总面积基本上能够保持并略有增加。

权属调整对耕地质量的影响表现为：①地面坡度方面：在平原地区，主要是进行耕作层地力保持工程，即将耕作层土壤表土剥离、挖高填低、整平、表土回填、实施翻耕、清障等方式平整土地；在丘陵地区，主要通过对小于25°的坡耕地实施坡改梯措施，改为坡式梯田、隔坡梯田或波浪式梯田、水平梯田等，便于农业生产。②土壤肥沃程度方面：从短期来看，机械施工和挖填方、深耕松土等平整措施会破坏土壤理化性状（丁向华，2011），即使表土剥离回填工作，也会在一定程度上导致土壤剖面变异和表层土壤养分不均匀（刘雪冉，2012；叶艳妹，2002）。从长期来看，土地平整、坡改梯与移土培肥工程相配套，能够减少水土流失，保水保肥，进而提高耕地质量。③耕地集中：在土地平整工程的基础上，对农户承包地的不规则土地边界、零散地块进行规整，使田块集中连片，便于现代化农业生产。

权属调整对耕地生态服务功能的影响主要表现为通过耕地气候调节、水源涵养、环境净化、生物多样性维持、景观保持等功能，改善耕地的气候调节能力、涵养水源能力、环境净化能力、生物多样性维持能力、景观保持能力等。

第二，权属调整对农户金融资本的影响。权属调整的目标是建设适应

现代农业生产的“田成方、路成网、渠相通、林成行”的优质农田，改善农机作业基础条件，为农户改善小规模分散经营方式，今后从事规模化经营创造了有利条件。一方面，农户从事规模经营可获得规模效益带来的经营收入，进而增加农户的家庭储蓄；另一方面，权属调整后农地产量和综合价值均有所提升，且土地产权清晰，一定程度上可以降低农户获得农业贷款的难度。

第三，权属调整对农户物质资本的影响。从农业机械的使用情况来看，一方面权属调整通过改造农田宜机化条件为农业机械化耕种奠定基础，另一方面调整后的土地集中连片，更适宜与农地流转或区域专业化布局相结合，发展农地规模经营或服务规模经营（罗必良等，2019），一定程度上可间接促进农业机械化的使用；从耐用消费品数量方面看来，若配合住房条件、环卫设施、污染治理等基础设施的改善，权属调整可间接增加农户耐用消费品的数量和使用寿命（张超正和杨钢桥，2018；许玉光，2018）。

第四，权属调整对农户人力资本的影响。权属调整过程需要部分农户参与，一定程度上能提高参与农户对权属调整相关政策、操作规程、实践环节等知识和技术的认知程度；如果权属调整与农业规模化、机械化相结合，一方面可以提高农户农机使用、规模经营、产业发展等方面的知识和技能；另一方面，农业规模化和机械化的发展能有效提高农业生产率，通过规模经营促进小农户向专业技能型职业农民转变，通过解放农业剩余劳动力促进一部分农民由传统农业为主转向兼业化与非农化发展。

第五，土地整治权属调整对农户社会资本的影响。权属调整包含农民参与的相关程序要求，农民既可以单个农民（如普通农民、农民精英等）的形式参与，还可以农民组织（如农村合作社、耕地保护协会、村委会等）的形式参与村庄公共事务管理和协作（汪文雄等，2015）。从权属纠纷与生产矛盾方面来看，权属调整可通过消除“插花地”等现象，减少邻近地块使用者之间的农地纠纷与生产矛盾，营造邻里和睦友善的社会环境。

2. 研究假设

农户生计资本不仅受到权属调整政策的影响，还会受到其他因素带来的影响。为了从理论上分析权属调整对农户生计资本影响的净效应，必须剔除其他因素的干扰。首先，假设在同一区域范围内，因自然资源禀赋、区域社会经济发展条件对农业生产的影响基本一致，农户面临相似的生存和发展机会，个体之间的差异较小，其生计资本具有较为一致的发展趋势。其次，在这一区域范围内设置处理组和对照组，处理组为实施权属调整政策的区域，对照组为未实施权属调整政策的区域。由于权属调整政策的实施，使农户的生计资本发生了改变，通过比较处理组和对照组农户生计资本的差异，可以在剔除其他因素干扰的前提下，更好地模拟权属调整政策对农户生计资本影响的净效应。

因此，本节通过图 6-3 来描述权属调整对农户生计资本的影响。横轴 OT 表示时间，纵轴 OY 表示农户的生计资本水平，T_1 表示权属调整政策开始实施的时间节点。将直线 AB 视为对照组的农户生计资本水平，直线 CD 视为处理组的农户生计资本水平。在两组都未实施权属调整的情况下，同一区域范围内的农户生计资本水平虽然存在个体差异，但具有较为一致的发展趋势，假设对照组 AB 线和处理组 CD 线处于平行的状态。这时，从 A 点作一条垂线与 Y 轴相交于 Y_1 点，从 C 点作一条垂线与 Y 轴相交于 Y_2 点，对照组和处理组的个体差异为 Y_2-Y_1。当处理组实施权属调整政策，会对农户的各项生计资本产生正向或负向的影响，当正向影响大于负向影响时，农户生计资本的总水平会呈现上升的趋势，当正向影响小于负向影响时，农户生计资本的总水平会呈现下降的趋势。从现有文献和实践观察来看，土地整治的实施对农户生计资本正向影响更为显著（张超正和杨钢桥，2018；刘晨芳和赵微，2018；许玉光，2018），权属调整作为土地整治的核心和关键，本节认为其对农户生计资本的正向影响大于负向影响。此时，CD 线在 T_1 时间截点后变化为 CEF，这时从 D 点作一条垂线与 Y 轴相交于 Y_3 点，从 F 点作一条垂线与 Y 轴相交于 Y_4 点，Y_4 和 Y_3 的差值即权属调整政策对区域范围内农户生计资本的正向影响程度，

用 δ 来表示。基于此，提出本节的研究假设一：权属调整对农户生计资本会产生正向影响。

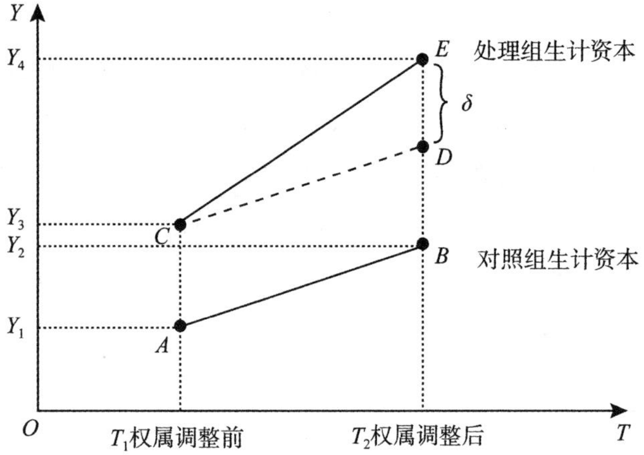

图 6-3　权属调整对农户生计资本水平的影响分析

由于项目区地形条件和土地整治工程特性的不同，权属调整对农户生计资本的作用也具有差异。平原由于地形较为平坦，有条件建设满足灌溉和农机作业要求的高标准基本农田，更适宜权属调整工作的实施与推广，在实践当中采取全面调整模式或与流转结合调整模式较为常见，对农户生计资本的改善作用较为明显。山地由于其低山、丘陵的地貌特征，农田格局分布较零散，且多为坡地、梯田，进行权属调整以实现地块平整、归并的工程难度大、且对农机作业的要求苛刻，较难实现土地的集中连片，实践过程中多数项目采用部分权属调整模式，对农民生计脆弱性问题的改善程度有限（谷晓坤，2012；谢金华等，2018）。因此，提出本节的研究假设二：不同地形地貌条件下，权属调整的实施对农户生计资本的影响存在差异；与山地比较，平原权属调整的实施对农户生计资本的净效果更为显著。

（二）土地整治权属调整对农户生计决策的影响路径

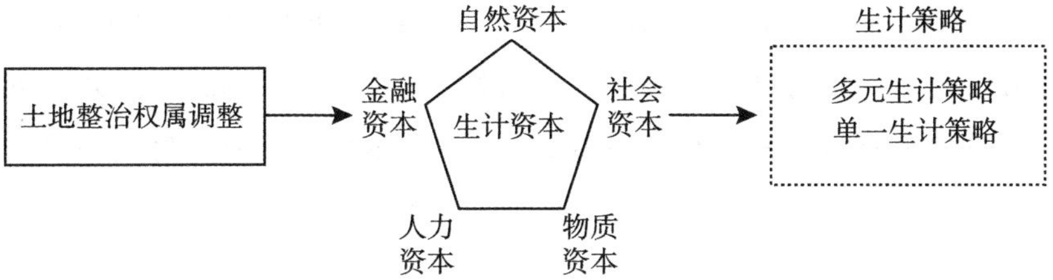

图 6-4　土地整治权属调整对农户生计资本水平的影响路径

土地整治权属调整通过改变农户的生计资本，从而影响农户的生计策略。土地整治项目实施后，农户自然资本、人力资本、物质资本、金融资本和社会资本有所增加，便于进行农业机械化与规模化耕作，节省劳力成本和其他生产成本。对于纯农户而言，土地集中后，一部分农户维持小农户经营，可以获得更好的农业收入；另一部分农户可以转入耕地，从而实现规模化经营策略。对于兼业农户而言，一些以农业为主的兼业农户有加大经营规模的意愿，一些以非农为主的兼业农户可能更愿意转出农地，获得较以前更高的流转租金收益，从而有更多的时间和精力进行非农生产活动，获得更多的非农收益。对于纯非农户而言，对于在本村农业企业、农业合作社务工的农户而言，权属调整的实施能节省其劳力成本，对于在外地打工经商的农户而言，权属调整的实施对其影响较小。

第二节　土地整治权属调整对农户生计决策影响的实证分析

一、研究区域与数据来源

本节的部分数据来源选取湖北省武汉市江夏区、咸宁市咸安区、咸宁市通山县作为研究区域。累计发放问卷 510 份，回收 501 份，剔除无效问卷后，最终获得有效问卷 483 份，问卷有效率为 94.71%。

数据处理前，先对样本数据进行信度和效度检验。采用 α 信度系数法，信度检验的 *Cronbach's Alpha* 值为 0.622；再采用 *KMO* 检验以及 Bartlett's 球形检验测定因子分子的可行性，效度检验的 *KMO* 值为 0.701，Bartlett's 球形检验的 *Sig.* 值为 0.000，表明样本数据具有良好的信度和效度。

二、土地整治权属调整对农户生计资本的影响

（一）研究方法

1. 熵权改进 TOPSIS 法

采用基于熵权的改进 TOPSIS 法来计算农户生计资本及各项指标的权重，并在此基础上评价农户的生计资本水平。熵权系数法是一种客观确定指标权重的方法，TOPSIS 法是一种常用的有限方案多目标决策分析法，以此作为评价目标优劣的依据。基于熵权的 TOPSIS 法是将两种方法进行结合，在确定指标权重系数的基础上，进而对评价目标的优劣进行评价。较传统的熵权 TOPSIS 法，基于熵权的改进 TOPSIS 法主要是对评价对象与正理想解和负理想解的评价值公式进行了改进（文高辉等，2014），以得到各调查区域农户在土地整治权属调整前后的生计资本各项指标权重和评价农户的生计资本水平。具体步骤包括：

（1）根据熵权系数法确定指标权重

①根据多目标决策矩阵 $D=\{x_{ij}\}_{m\times n}$，采用极值标准化法对评价指标数据进行规范化处理，得到规范化向量 r_{ij}，r_{ij}，建立关于规范化向量 r_{ij} 的规范化决策矩阵：

$$r_{ij}=\frac{x_{ij}-x_{j\min}}{x_{j\max}-x_{j\min}} \tag{6.1}$$

式（6.1）中，$x_{j\max}$ 和 $x_{j\min}$ 分别表示第 j 个评价指标的最大值和最

小值。

②计算第 j 个评价指标的规范化向量 r_j 的熵：

$$E_j = -k\sum_{i=1}^{m} f_{ij}\ln f_{ij} \tag{6.2}$$

式（6.2）中，$f_{ij} = r_{ij}/\sum_{i=1}^{m} r_{ij}$，$k = 1/\ln m$，$0 \leqslant E_j \leqslant 1$，并假定当 $f_{ij} = 0$ 时，$f_{ij}\ln f_{ij} = 0$。

③计算第 j 个制造资源评价指标的熵权系数 w_j：

$$w_j = (1 - E_j)/(n - \sum_{j=1}^{n} E_j) \tag{6.3}$$

根据熵权法，计算出生计资本各项指标的权重，具体见表 6-2。

表 6-2　　**生计资本评价指标权重得分**

资本类型	测量指标	三级指标权重系数	二级指标权重系数
自然资本 N	土地数量 N_1	0.513	0.200
	土地质量 N_2	0.141	
	耕地生态服务功能 N_3	0.346	
金融资本 F	家庭储蓄 F_1	0.472	0.200
	获得贷款的难易程度 F_2	0.528	
物质资本 P	农业机械的使用情况 P_1	0.484	0.200
	耐用消费品 P_2	0.516	
人力资本 H	农户整体知识水平 H_1	0.163	0.200
	农户整体技能水平 H_2	0.464	
	农户整体劳动能力 H_3	0.373	
社会资本 S	参与权属调整过程 S_1	0.788	0.200
	权属纠纷与生产矛盾 S_2	0.212	

注：土地质量包括地面坡度、土壤肥沃程度、灌溉条件、排水排涝条件、田间道路运输和细碎化程度六个方面。

(2) 采用改进的 TOPSIS 法评价农户的生计资本水平

TOPSIS 法是一种常用的有限方案多目标决策分析法，根据评价指标权重建立模型进行综合评价。改进的 TOPSIS 法主要是对评价目标与正理想解和负理想解的距离公式进行了改进，得到各个农户生计资本指数的综合评价结果。其公式为：

$$c_i = \frac{d_i^-}{(d_i^- + d_i^+)}(i = 1, 2, \cdots, m) \tag{6.4}$$

式 (6.4) 中，$d_i^+ = \sqrt{\sum_{j=1}^{n} (y_i^+ - y_{ij})^2}$ $d_i^- = \sqrt{\sum_{j=1}^{n} (y_i^- - y_{ij})^2}$，$y_i^+ = \max_{m \geq i \geq 1}(y_{ij})$，$y_i^- = \min_{m \geq i \geq 1}(y_{ij})$，$c_i$ 为第 i 个受访农户的指标综合评价值，y_i^+、y_i^- 表示被评价对象的正负理想点，d_i^+、d_i^- 表示第 i 个农户到正负理想点的欧氏距离。

2. DID 模型

双重差分模型又称 DID 模型，用于度量公共政策或项目实施对经济体的影响效果。本节将权属调整看作一项公共政策试验，以改进的 TOPSIS 法求出的农户生计资本总指数和各项资本指数为基础数据，采用双重差分模型分析处理组和对照组农户生计资本指数的差异，从而揭示权属调整这一公共政策试验对农户生计资本影响的净效应。双重差分模型如下：

$$y_{it} = \lambda_0 + \lambda_1 X_{it} + \lambda_2 dN_{it} + \lambda_3 X_{it} \cdot dN_{it} + \mu_{it} \tag{6.5}$$

式 (6.5) 中，下标 i 和 t 分别表示第 i 个农户和第 t 年；y_{it} 为被解释变量；$X_{it} \cdot dN_{it}$ 为解释变量；dN_{it} 表示组别虚拟变量，$dN_{it}=0$ 为对照组，$dN_{it}=1$ 为处理组；X_{it} 表示时间虚拟变量，$X_{it}=0$ 表示权属调整前，处理组和对照组都没有受到政策影响 ($X_{it} \cdot dN_{it}=0$)，处理组对应图 6-3 的 CE 线，对照组对应图 6-3 的 AG 线，$X_{it}=1$ 表示当处理组实施权属调整政策，处理组受到政策影响 ($X_{it} \cdot dN_{it}=1$)，对应图 6-3 中的 EF 线，而对照组没有受到政策影响 ($X_{it} \cdot dN_{it}=0$)，对应图 6-3 中的 GB 线；λ_0 为常数项；λ_1 为权属调整的时间效应；λ_2 为权属调整的分组效应；λ_3 为本节所要观测的权属调整政策对农户生计资本影响的净效应，是重点关注系数；μ_{it} 为扰动项。具体原理可以用表 6-3 所示。

表 6-3　　**DID 模型原理**

	权属调整前	权属调整后	时间差分
处理组	$\lambda_0 + \lambda_2$ (A=1, B=0)	$\lambda_0 + \lambda_1 + \lambda_2 + \lambda_3$ (A=1, B=1)	$\Delta y_1 = \lambda_1 + \lambda_3$
控制组	λ_0 (A=0, B=0)	$\lambda 0 + \lambda 3$ (A=0, B=1)	$\Delta y_2 = \lambda_3$
组间差分			$\Delta y_1 - \Delta y_2 = \lambda_1$

双重差分模型的弊端是自选择问题，即项目实施者对项目区的选择基于一定的条件，导致农户处于处理组和对照组并非随机的（张超正和杨钢桥，2018；李子奈等，2011；Wolldridge，2012）。为此，可以假定遗漏变量随时间同等变化或不随时间变化，运用一阶差分模型可加以解决（张超正和杨钢桥，2018；李子奈等，2011；Wolldridge，2012）。在一阶差分模型中，随时间同等变化或不随时间变化将被消除，能有效消除变量的内生性和共线性问题（张超正和杨钢桥，2018；李子奈等，2011；Wolldridge，2012）。对式（6.5）作简单变换，形成一阶差分形式：

$$\Delta y_{it} = \lambda_1 \Delta X_{it} + \lambda_3 \Delta X_{it} \cdot dN_{it} + \Delta \mu_{it} \tag{6.6}$$

（二）结果及分析

1. 权属调整后农户生计资本的组内和组间差异

在对调查区域农户权属调整前后的生计资本各项指标权重计算的基础上，通过 DID 模型对各项指标的双重差分估计值进行测算，分析权属调整后农户生计资本的变化情况，结果如表 6-4。权属调整后农户生计资本水平与结构均发生变化。从生计资本的总指数水平来看，权属调整前处理组生计水平为 0.268，对照组生计水平为 0.230，差值为 0.038；权属调整后处理组生计水平为 0.351，对照组生计水平为 0.257，差值为 0.094；权属调整后生计资本的双重差分值为0.056，如图6-5所示。

表6-4　　　权属调整后农户生计资本的组内和组间差异

自然资本指数	处理组	对照组	*diff*
权属调整前	0.262	0.168	0.094
权属调整后	0.363	0.189	0.174
diff	0.101	0.021	0.080
物质资本指数	处理组	对照组	*diff*
权属调整前	0.280	0.268	0.012
权属调整后	0.294	0.280	0.014
diff	0.014	0.012	0.002
社会资本指数	处理组	对照组	*diff*
权属调整前	0.094	0.076	0.018
权属调整后	0.224	0.122	0.102
diff	0.130	0.046	0.084
金融资本指数	处理组	对照组	*diff*
权属调整前	0.590	0.517	0.073
权属调整后	0.680	0.550	0.130
diff	0.090	0.033	0.057
人力资本指数	处理组	对照组	*diff*
权属调整前	0.113	0.119	-0.006
权属调整后	0.190	0.145	0.045
diff	0.077	0.026	0.051
生计资本总指数	处理组	对照组	*diff*
权属调整前	0.268	0.230	0.038
权属调整后	0.351	0.257	0.094
diff	0.083	0.027	0.056

注：处理组为进行权属调整地区，对照组为未进行权属调整地区。

从自然资本的总指数水平来看，权属调整前处理组生计水平为 0.262，对照组生计水平为 0.168，差值为 0.094；权属调整后处理组生计水平为 0.363，对照组生计水平为 0.189，差值为 0.174；权属调整后自然资本的双重差分值为 0.080。

从金融资本的总指数水平来看，权属调整前处理组生计水平为 0.590，对照组生计水平为 0.517，差值为 0.073；权属调整后处理组生计水平为 0.680，对照组生计水平为 0.550，差值为 0.130；权属调整后金融资本的双重差分值为 0.057。

从物质资本的总指数水平来看，权属调整前处理组生计水平为 0.280，对照组生计水平为 0.268，差值为 0.012；权属调整后处理组生计水平为 0.294，对照组生计水平为 0.280，差值为 0.014；权属调整后物质资本的双重差分值为 0.002。

从人力资本的总指数水平来看，权属调整前处理组生计水平为 0.113，对照组生计水平为 0.119，差值为-0.006；权属调整后处理组生计水平为 0.190，对照组生计水平为 0.145，差值为 0.045；权属调整后社会资本的双重差分值为 0.051。

从社会资本的总指数水平来看，权属调整前处理组生计水平为 0.094，对照组生计水平为 0.076，差值为 0.018；权属调整后处理组生计水平为 0.224，对照组生计水平为 0.122，差值为 0102；权属调整后社会资本的双重差分值为 0.084。

2. 权属调整对农户生计资本影响的回归结果分析

接下来对权属调整前后农户生计资本的双重差分计量结果进行检验，见表 6-5。从方程回归结果来看，农户生计资本、自然资本、金融资本、人力资本和社会资本指数的 DID 估计值分别在 0.01、0.01、0.01、0.01、0.01 的水平上是显著的，影响方向均为正，方程的 P 值在 0.01 的显著水平上通过显著性检验，说明在控制时间效应和地区差异后，权属调整的实施能显著提升农户的生计资本、自然资本、金融资本、人力资本和社会资本指数，符合研究假设一。

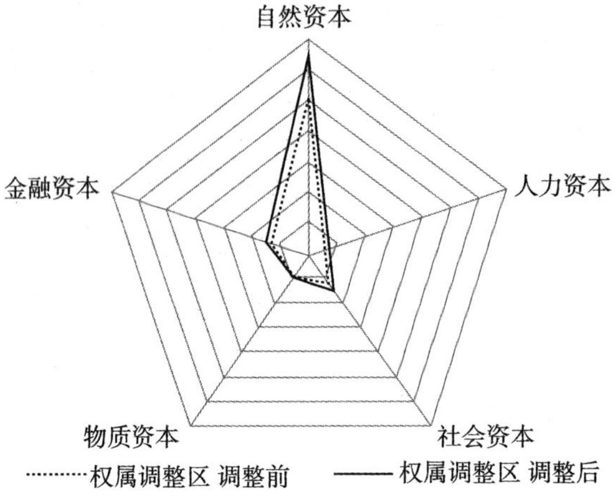

图 6-5　土地整治权属调整后农户生计资本的综合指数

表 6-5　**土地整治权属调整对农户生计资本的回归结果**

变量	系数	生计资本总指数	自然资本指数	金融资本指数	物质资本指数	人力资本指数	社会资本指数
$\Delta X_{it} \cdot dN_{it}$ (P)	λ_3	0.054*** (0.000)	0.080*** (0.000)	0.057*** (0.000)	0.002 (0.651)	0.051*** (0.000)	0.085*** (0.002)
ΔX_{it}	λ_1	0.027*** (0.000)	0.021*** (0.000)	0.034*** (0.000)	0.011*** (0.000)	0.026*** (0.000)	0.045*** (0.000)
R^2	—	0.365	0.467	0.353	0.063	0.163	0.103
F		106.94	136.16	105.35	16.28	36.50	21.56
$Pr > \mid F \mid$		0.000	0.000	0.000	0.000	0.000	0.000

注：*、**、*** 分别表示在 0.1、0.05、0.01 的水平上显著，括号内为 P 检验值。

但农户的物质资本指数的 DID 估计值并不显著。可能在于以下三个方面原因：首先，由于土地整治权属管理制度缺陷，如在土地分配阶段，是按村内现有人口数，还是按原有产权人或使用权人数进行分配，缺乏明确的政策规定，导致实际工作中缺少可操作性，有的地方因规避权属纠纷而工作开展不足（国土资源部，2010；吴诗嫚等，2016；严金明等，2016；Wu et al, 2005）。据原国土资源部对全国28个省土地整治工作进行调查，涉及土地权属调整的项目比例较低，仅占41.11%（国土资源部，2010）。本次调查发现，平原地区土地整治区进行权属调整的比例占42.17%，而山地地区土地整治区进行权属调整的比例仅占22.81%。其次，受农村土地家庭联产承包责任制的影响，经过平整后的土地又重新出现了细碎化现象（国土资源部，2010）。再次，权属调整与农业规模化经营的联结机制有待进一步完善，对农业机械化发展的推动作用并不显著（国土资源部，2010；严金明等，2016），以至于未明显改变农户的物质资本。但从组内和组间差异、回归结果来看，权属调整在一定程度上对农户的物质资本指数有正向影响。

3. 平原和山地处理组和对照组的双重差分结果

接下来再次运用双重差分模型，分析不同地形条件下（平原和山地）权属调整对农民生计资本的影响，见图6-6。

实施权属调整后，平原和山地的农户生计资本指数均有所提升，分别增长了0.083和0.047，平原的提升幅度高于山地。具体而言，平原地区农户的自然资本、金融资本、物质资本、人力资本和社会资本指数分别增长了0.061、0.005、0.001、0.005和0.015；山地地区农户的自然资本、金融资本、物质资本、人力资本和社会资本指数分别增长了0.021、0.004、0.002、0.018和0.005。

4. 平原和山地权属调整对农户生计资本水平影响的回归结果

平原权属调整对农户生计资本指数的双重差分计量结果见表6-6。从方程回归结果来看，平原地区农户生计资本、自然资本、金融资本、人力资本和社会资本指数的DID估计值在0.01、0.01、0.1、0.05、0.01的水平上是显著的，影响方向均为正，方程的P值在0.01的显著水平上通过显著性检验，说明在控制时间效应和地区差异后，权属调整的实施对平原农户的生计资本、自然资本、金融资本、人力资本和社会资本指数有显著

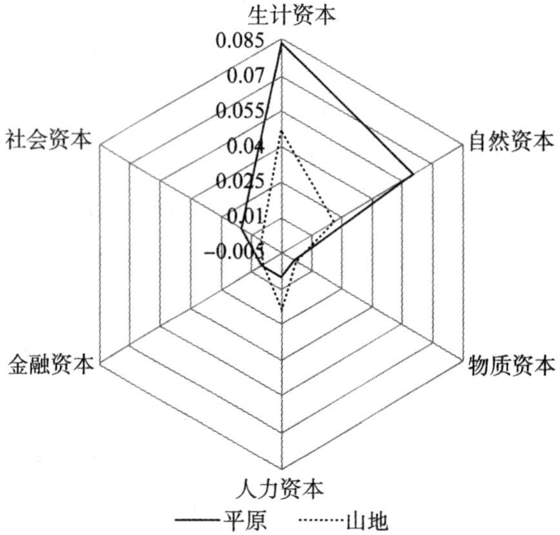

图 6-6　平原和山地权属调整对农户生计资本指数的影响

的提升作用。但是，平原地区农户的物质资本的 DID 估计值并不显著，说明当前权属调整的实施仍囿于土地本身，单纯以工程技术手段改造土地物理属性，一方面难以触及对土地产权关系重新调整这一深层次的问题；另一方面，调整后缺乏在农业规模经营格局下进行统筹与布局，导致权属调整尚未达到推动农地规模化、机械化的发展目标（国土资源部，2010；吴诗嫚等，2016；严金明等，2016；Wu et al, 2005）。

表 6-6　　**平原权属调整对农户生计资本指数影响的回归结果**

变量	系数	生计资本总指数	自然资本指数	金融资本指数	物质资本指数	人力资本指数	社会资本指数
$\Delta X_{it} \cdot dN_{it}$	λ_3	0.083***	0.061***	0.005*	0.001	0.005**	0.015***
(P)		(0.000)	(0.000)	(0.082)	(0.796)	(0.018)	(0.000)
ΔX_{it}	λ_1	0.016	0.006	0.005**	0.001	0.002	0.003*
		(0.123)	(0.492)	(0.039)	(0.356)	(0.156)	(0.062)

续表

变量	系数	生计资本总指数	自然资本指数	金融资本指数	物质资本指数	人力资本指数	社会资本指数
R^2	—	0.518	0.552	0.117	0.010	0.029	0.155
F		311.17	358.03	36.61	2.61	6.51	34.01
$Pr>\|F\|$		0.000	0.000	0.000	0.051	0.000	0.000

山地权属调整前后农户生计资本指数的双重差分计量结果见表 6-7。从方程回归结果来看，山地农户生计资本、自然资本、金融资本、物质资本、社会资本指数的 DID 估计值回归结果并不显著，只有人力资本指数的 DID 估计值在 0.01 的水平上呈正向的显著影响。可能的原因在于，山地地形地貌复杂，地块平整、归并实施的难度较大，导致权属调整工作开展的程度有限（Wu et al，2005；谷晓坤，2015）。由此可见，不同地形地貌条件下，权属调整的实施对农户生计资本的影响存在差异：平原权属调整的实施对农户生计资本具有显著的正向影响，而山地的效果不显著，符合研究假设二。

表 6-7　　**山区权属调整对农户生计资本指数影响的回归结果**

变量	系数	生计资本总指数	自然资本指数	金融资本指数	物质资本指数	人力资本指数	社会资本指数
$\Delta X_{it} \cdot dN_{it}$ (P)	λ_3	0.047 (0.150)	0.021 (0.356)	0.004 (0.622)	0.002 (0.624)	0.018*** (0.000)	0.005 (0.685)
ΔX_{it}	λ_1	0.039* (0.055)	0.028* (0.052)	0.001 (0.677)	0.002 (0.266)	0.005** (0.033)	0.004 (0.225)
R^2	—	0.148	0.087	0.058	0.072	0.179	0.208
F		21.75	11.45	4.41	5.29	9.53	12.46
$Pr>\|F\|$		0.000	0.000	0.005	0.002	0.000	0.000

5. 研究结论

第一，权属调整是提高农民生计资本，降低农民生计脆弱性的重要途径。从统计学意义上来看，权属调整能显著提升农户的自然资本、金融资本、人力资本和社会资本。但值得注意的是，权属调整工作的开展尚不充分，与推进农田集中连片、农地适度规模经营、农业机械化发展等政策目标的实现仍有较大差距。

第二，不同地形地貌条件下，权属调整的实施对农户生计资本的影响存在空间差异性。相对于山地而言，平原地区实施权属调整对提高农户的生计资本的效果更为显著。

三、土地整治权属调整对农户决策行为的影响

（一）土地整治权属调整对农户生计决策的影响

1. 模型建立

上文将农户生计策略分为单一生计策略和多元生计策略两类。由于单一生计策略和多元生计策略的组内选择均具有互斥性，且没有程度以及先后之分，适用于多项 Logistic 模型进行回归分析，因此采用多项无序 Logistic 模型分析权属调整对农户生计策略的影响。

将单一生计策略中从事“单一农业生计策略”“单一非农生计策略”以及多元生计策略中从事“以农业为主，非农业为辅生计策略”“以非农业为主，农业为辅生计策略”四项设定为多项无序 Logistic 模型的被解释变量。由于此模型需要选择其中之一作为参照类型，且参照类无回归系数，才能与其他生计策略进行比较，因此本节选择将从事单一非农生计策略作为参照类，将单一农业生计策略生计策略赋值为 1，将以农业为主、非农业为辅生计策略赋值为 2，将以非农业为主、农业为辅生计策略赋值为 3，将单一非农生计策略赋值为 4。分别将其带入到 Logistic 回归模型的回归方程中求解。

多项 Logit 回归方程为：

$$\mathrm{Logit}(P_j) = \ln[P_{(y=j)}/P_{(y=J)}] = \beta_0 + \sum_{i=1}^{k}\beta_i \cdot x_i \tag{6.7}$$

其中，$P_{(y=j)}$（$j=1, 2, 3, 4...$）表示农户选择第 j 种生计策略的概率，$P_{(y=J)}$ 为第 J 种生计策略的概率（$j \neq J$），且作为参照类的第 J 种生计策略在其中；k 表示有 k 个解释变量；e^{β} 为第 j 个解释变量的估计参数 β 的自然指数，即当其他 $k-1$ 个解释变量不变时，若该解释变量变化一单位，被解释变量取值水平的发生概率变化为原来的 e^{β} 倍。

2. 变量选取

土地整治权属调整通过改变农户的生计资本，从而影响农户的生计策略。因此，在变量选择中，将农户的生计策略作为被解释变量，而将是否实施土地整治权属调整作为解释变量，分析土地整治权属调整对农户的生计策略的影响。所选解释变量及其定义见表 6-8。

表 6-8 **解释变量及其定义**

变量类别	代码	指标名称	含义
被解释变量	y	生计策略	1=单一农业生计策略； 2=以农业为主，非农业为辅生计策略； 3=以非农业为主，农业为辅生计策略； 4=单一非农生计策略
土地整治权属调整	x	是否实施土地整治权属调整	0=否；1=是

3. 回归结果

运用 SPSS Statistics 分析软件，采用多项无序 Logistic 模型就土地整治权属调整对农户生计策略的影响进行计量分析，全模型回归结果见表 6-9。从模型全局性检验结果来看，模型的线性关系在 0.05 的置信水平下显著成立。

表 6-9　　　是否实施土地整治对农户务农策略影响的回归结果

指标名称	单一农业生计策略	以农业为主，非农业为辅生计策略	以非农业为主，农业为辅生计策略	单一非农生计策略
是否实施权属调整=0	1.197*** (0.007)	0.946** (0.015)	0.614** (0.044)	38.593** (0.016)
是否实施权属调整=1	—	—	—	—
常数项	−1.580***	−1.041***	0.187	28.309
−2Log L (Likelihood Ratio)	28.309			
Prob > chi2	0.016			

注：以单一非农生计策略为参照类。*、**、*** 分别表示在 10%、5%、1%的水平上显著，括号内为回归系数。

土地整治权属调整对单一农业生计策略的影响在 1%的水平上是显著的，影响方向为正，说明土地整治权属调整的实施能显著影响农户的单一农业生计策略。权属调整实施后，便于农地进行农业机械化与规模化耕作，节省劳力成本和其他生产成本。对于单一农业生计策略的农户而言，土地集中后，一部分农户维持小农户经营，可以获得更好的农业收入；一部分农户可以转入耕地，从而实现规模化经营策略。

土地整治权属调整对以农业为主、非农业为辅生计策略的影响在 5%的水平上是显著的，影响方向为正，说明土地整治权属调整的实施能显著影响农户以农业为主、非农业为辅的生计策略。权属调整实施后，能够加大以农业为主的兼业农户经营规模的意愿，从而获得更多的农业收入。

土地整治权属调整对以非农业为主、农业为辅生计策略的影响在 5%的水平上是显著的，影响方向为正，说明土地整治权属调整的实施能显著影响农户以非农业为主、农业为辅的生计策略。权属调整实施后，以非农为主的兼业农户可能更愿意转出农地，获得较以前更高的流转租金收益，从而有更多的时间和精力进行非农生产活动，获得更多的非农收益。

土地整治权属调整对单一非农生计策略的影响在5%的水平上是显著的，影响方向为正，说明土地整治权属调整的实施能显著影响农户的单一非农业生计策略。对于单一非农业生计策略的农户而言，权属调整实施后，在本村农业企业、农业合作社务工的农户能显著节省劳力成本，间接增加其非农收益。

（二）土地整治权属调整对农户就业方式的影响

运用SPSS Statistics分析软件，采用独立样本 t 检验对土地整治权属调整后农户就业方式的差异进行分析，结果见表6-10。

表6-10 **土地整治权属调整对农户就业方式影响的回归结果**

生计活动	生计活动		成对样本检验			
	权属调整前	权属调整后	均值	标准差	t 值	*Sig.*
传统小农经营	43.02%	27.57%	0.441	0.551	10.707***	0.000
农业规模经营	3.66%	7.52%	0.039	0.221	2.363**	0.019
本地分散式打工经商	13.73%	16.79%	−0.073	0.437	−2.221**	0.028
农业企业或合作社打工经商	0.00%	4.26%	−0.112	0.316	−4.732***	0.000
外地打工经商	39.59%	43.86%	0.006	0.404	0.185	0.853

注：*、**、*** 分别表示在10%、5%、1%的水平上显著（下同），括号内为 t 检验值。

根据传统小农经营和农业规模经营的配对样本 t 检验结果，土地整治权属调整后传统小农经营的农户显著减少，在1%的水平上是显著的；农业规模经营的农户显著增加，在5%的水平上是显著的，说明土地整治权属调整通过合并地块、平整土地、权属置换，使农地细碎化程度降低，显著提高农户的农业机械化种植和规模化经营水平。

根据本地分散式打工经商的配对样本 t 检验结果，土地整治权属调整后本地分散式打工经商的农户显著增加，在5%的水平上是显著的，说明土地整治权属调整节省劳力成本和其他生产成本，农户有更多的时间和精力从事非农生产活动，以获得更多的非农收益。

根据农业企业或合作社打工经商的配对样本 t 检验结果，土地整治权属调整后农业企业或合作社打工经商的农户显著增加，在1%的水平上是显著的，说明土地整治权属调整后土地集中成片，通过土地流转平台，更有利于多样化的土地规模经营活动，更多的农户进入农业企业或农业合作社务工。

根据外地打工经商的配对样本 t 检验结果，土地整治权属调整后外地打工经商的农户有所增加，但并不显著，说明土地整治权属调整对纯非农户的影响较小。

第三节　土地整治权属调整后农户决策行为响应政策建议

一、加快土地整治法律建设，完善权属调整的规范化管理

当前土地整治已建立一定的法律法规和行业标准，但相关法律规范等级较低、系统性不足、未颁布专门的土地整治法，制约着权属调整工作的顺利推进。首先，应加快土地整治法的颁布与实施，创建权属管理的法律环境，并开展权属调整工作与已有法律法规的衔接及协调。其次，明确权属管理机构与工作职能，落实权属调整工作经费。最后，制定科学合理的权属调整的工作程序、技术规范、分配方法、补偿标准、公众参与及异议调处等制度，保障权属调整工作依法依规地顺利实施。

二、坚持农民的主体地位，取得权属调整的实施成效

权属调整是对土地权利人财产关系与利益关系的重新配置，涉及面广且利益敏感，其关键在于强化农民的主体地位，才能最终增进农民的福祉。首先，应加强宣传与动员工作，提高农民对权属调整提升农业整体效益和促进现代农业发展的认知程度，使其具备识别权属变更的眼前利益与长远利益的能力；其次，尊重当地历史习惯和村规民规，听取农民的合理性建议，尽可能按照农民意愿进行权属调整工作，争取广大农民群众的支持和理解；最后，进行农民全过程参与的教育与培训，包括确定权属调整方案、土地权界调查与面积质量的统计、土地平整工程的实施和验收、土地产权调整与分配、土地规模利用与农机使用等内容，使其具备参与土地产权调整的知识与技能，从而获得权属调整的实施效果，增进农民的可持续生计能力。

三、依据自然禀赋特征，因地制宜地选择权属调整模式

土地整治受自然环境地域分异规律等影响，使权属调整的客体分布具有明显的空间地域性。首先，应在政策包容、经济可行、生态允许的条件下，结合区位优势、资源特色、产业定位、整治技术，按照有利于归并田块、降低细碎化程度、方便农机操作的要求，进一步总结和完善土地权属调整的地域模式。其次，重点考虑将粮食主产区、城乡结合部、交通节点区、特色资源区和精准扶贫区作为优先发展区域，实施精准化、差别化的权属调整工作。

四、建立权属调整与适度规模经营的联结机制

充分利用土地产权关系重新调整这一制度红利，稳定承包权并盘活农地经营权，促进农户适度规模经营。首先，在明晰土地产权的基础上，结合农地流转、股份制经营、合作经营等需求，鼓励非农户或兼业程度高的农户退出农地经营权，促进农地的集中与有效利用；其次，在农田规整、

集中连片，并具备宜机化条件的基础上，通过创新权属调整与农地流转或区域专业化布局相结合的模式，积极引导和培育家庭农场、农民合作社、农业龙头企业等新型经营主体从事农地的适度规模经营，实现农户从传统小农向现代农民转变，构建规模化、集约化和机械化的现代农业生产体系。

第四节　本章小结

本章采用可持续生计理论，建立“权属调整——生计资本——生计策略”的逻辑，利用农户问卷调查数据，分析土地整治权属调整对农户生计决策的影响，得到如下结论。

第一，土地整治权属调整是提高农户生计水平的有效途径。土地整治权属调整应积极推广集中连片、整村推进的整理模式，结合区位优势、产业定位、资源禀赋，实施精准化、差别化的土地整治权属调整，瞄准乡村振兴需求更好地发挥农地综合整治的示范引领作用，有利于农民增收、农业增效、农村发展。

第二，土地整治权属调整是促进传统小农向现代农民转变的重要方式。土地整治权属调整通过耕地集中连片，促进农业机械化、规模化、现代化发展，助推村集体、农户、其他利益主体间形成利益共融共生机制。通过创新土地整治项目权属调整的实施模式，探索土地整治奖补激励机制，积极引导家庭农场、农民合作社、农业龙头企业等新型经营主体参与土地整治权属调整，实现农户从传统小农向现代农民转变。

第七章　土地整治权属调整的管控措施

本书坚持农民主体地位、增进农民福祉作为出发点和落脚点，在厘清权属调整实施现状与农户行为分析的基础上，揭示权属调整“前、中、后”的农户行为响应机理，得出农户积极响应行为的土地整治权属调整政策措施，对于揭示农民的权属调整行为规律，从而促进土地整治由“以地为本”向“人地协调”转变，提高土地整治的实施效率及经济发展、社会和谐和国家稳定都具有重要的意义。

一、健全法律制度，实现土地整治的规范化管理

西方国家拥有一套涵盖土地基本法、土地利用法、规划与建设立法、土地整治法、资源环境保护法等内容的法律体系。土地整治的实施以土地基本法为基础，土地利用法、规划与建设立法为指导，土地整治法为主体，资源环境保护法为限制条件，其特点是操作性和现实性强，对土地整治的全过程实行规范化管理。目前，中国土地整治已建立一定的法律法规和行业标准，但相关法律规范等级较低，系统性不足，未颁布专门的土地整治法，制约着权属调整工作的顺利推进。首先，要完善土地整治相关法律制度，提高权属调整的规范化管理水平；其次，相关法律法规的制定要有所侧重，不同法律有不同规范的问题，并能够较好地衔接及协调；最后，这是促进农户对未来产生积极预期、加强土地整治权属调整前农户认知行为响应的必然选择。

二、以人类需求为导向，促进现代农业发展

为了改变农地私有制和继承法导致农地破碎的现状，发达国家及地区开展土地整治，提高了农地利用率和产出能力，促进了现代农业发展。中国农地细碎化问题突出，已经成为阻碍中国现代农业发展的瓶颈，土地整治成为农业现代化发展的必然要求。为了保障国家粮食安全，中国当前土地整治仍以增加耕地为首要任务，尚未全面进入以提高生活环境品质和农地生产质量的阶段，与建立规模化、集约化和机械化现代农业生产体系还存在较大差距。因此，土地整治项目应着眼于改善土地细碎化程度，在土地细碎化程度较高的地区应该优先实施土地整治项目，并在这些地区率先探讨因地制宜的权属调整方式和流转结合模式，为其他地区土地整治权属调整工作提供示范效应。在此基础上，通过提高农业基础设施条件，促进农业产业化、规模化和机械化的发展，这样不仅能够提高农户对权属调整的认知程度，提升农户对权属调整的支持意愿，而且能够促进现代农业的发展。

三、完善农民参与机制，推动政府与农民共同治理的新格局

土地整治的最终受益人是广大农民，权属调整的直接利益主体也是广大农民。农民最了解农村、最熟悉自己脚下的土地，在土地整治权属调整过程中也最有发言权。但目前土地整治仍以政府为主导，属于“自上而下”的管理模式，农民被排除在土地整治之外，不能有效地通过参与土地整治实现其利益诉求，这种公众参与缺失的土地整治易引发众多利益矛盾。充分尊重农民意愿、调动农民群众的积极性，才能有效提高农户对权属调整的认知行为响应，推动权属调整工作的顺利开展。首先，完善农民参与土地整治权属调整的制度政策，使农民参与权属调整过程有章可循；并在此基础上制定相应的实施细则，使农民参与权属调整过程落在实处。其次，建立农民参与土地整治的培训制度，包括确定权属调整方案、土地权界调查与面积质量的统计、土地平整工程的实施和验收、土地产权调整

与分配等知识和技能，使其能够具备在土地整治权属调整过程中参与的基本知识和技能，有效提高农民全过程的参与程度。最后，应将农民参与的成本纳入土地整治权属调整的工作经费，明确农户参与权属调整工作的权利和义务，并以此为依据明确其工作酬劳的数额，调动农户参与权属调整过程的积极性。只有将“自上而下”改变为“自下而上”的管理模式，才能推动政府与农民共同治理新格局的发展，有效提高权属调整的社会满意度和项目运行绩效。

四、落实权属调整工作经费，促进权属调整模式创新

土地整治权属调整需要耗费大量的人力、物力和财力，需要利益主体间共同参与合作，必须有充足的经费作为保障。但现行土地开发整理预算定额中没有权属调整工作费用的列支项目；而当前投资预算中土地清查费、测量费、补偿费等标准较低，不能满足权属调整工作的需要，导致权属调整工作未能全面开展。首先，应修订《土地开发整理预算定额标准》，将权属调整工作费用列支进入土地整治项目投资预算，加大当前投资预算中土地清查费、测量费、补偿费等比重，充分调动利益主体特别是农户参与的主导作用和积极性，推动村集体、农户、其他利益主体间形成利益共融共生机制。其次，通过结合农地流转、合作经营与股份制经营，创新土地整治项目权属调整的实施模式，探索土地整治奖补激励机制，积极引导家庭农场、农民合作社、农业龙头企业等新型经营主体参与土地整治权属调整，实现农户从传统小农向现代农民转变。

五、坚持公平正义，妥善解决权属调整的纠纷调处

权属调整是在政府主导下农地产权互换和变更的过程，实质上是为了公共利益的需要，对土地权利人财产关系与利益关系的重新配置，是一项政策性强、涉及面广、利益敏感的社会行为。权属调整方案的制定要遵循“以人为本”的原则，坚持等数量、等质量的交换方式，落实农民的权属调整意愿，保证利益主体间的利益均衡，切实减少权属调整中的纠纷和矛

盾。对于已经产生的异议和纠纷，应坚持公开、公平、公正的原则，实事求是，尊重现实，重点对权属调整过程中产生的利益主体间的异议、土地质量异议、土地分配异议，以利益主体的自愿协商为基础进行调处。经协商仍有异议者，应畅通其利益表达渠道，依法依规做好权属调整异议处理工作。

参考文献

[1] Asiama K, Bennett R, Zevenbergen J, et al. Responsible Consolidation of Customary Lands: A Framework for Land Reallocation [J]. Land Use Policy, 2019 (83): 412-423.

[2] Bentley W. Economic and Ecological Approaches to Land Fragmentation: In Defense of a Much-maligned Phenomenon [J]. Annual Review of Anthropology, 1987, (16): 31-67.

[3] Blare B, Hazell P, Place F, et al. The Economics of Farm Fragmentation: Evidence from Ghana and Rwanda [J]. The World Bank Economic Review, 1992, 6 (2): 233-254.

[4] Chartin C, Evrard O, Salvador-Blanes S, et al. Quantifying and Modelling the Impact of Land Consolidation and Field Borders on Soil Redistribution in Agricultural Landscapes (1954-2009) [J]. Catena, 2013, 110: 184-195.

[5] Damastuti E, Groot R. Effectiveness of Community-based Mangrove Management for Sustainable Resource Use and Livelihood Support: A Case Study of Four Villages in Central Java, Indonesia [J]. Journal of Environmental Management, 2017 (203): 510-521.

[6] Daur N, Adam Y, Pretzsch J. A historical Political Ecology of Forest Access and Use in Sudan: Implications for Sustainable Rural Livelihoods [J]. Land Use Policy, 2016 (58): 95-101.

[7] DFID. Sustainable Livelihoods Guidance Sheets [R]. London: Department

for International Development, 1999.

[8] Fenoaltea S. Risk, Transaction Costs, and the Organization of Medieval Agriculture [J]. Explorations in Economic History, 1976, 13 (2): 129-151.

[9] Haldrup N. Agreement Based Land Consolidation: In Perspective of New Modes of Governance [J]. Land Use Policy, 2015, (46): 163-177.

[10] Hartvigsen M, Gorgan M, Palmer D. Experiences with Land Reform and Land Consolidation in Moldova [J]. Land Tenure Journal, 2013, 12 (2): 5-37.

[11] Janus J, Markuszewska I. Forty Years Later: Assessment of the Long-lasting Effectiveness of Land Consolidation Projects [J]. Land Use Policy, 2019 (83): 22-31.

[12] Kupidura A, Luczewski M, Homer, et al. Public Perceptions of Rural Landscapes in Land Consolidation Procedures in Poland [J]. Land use policy, 2014 (39): 313-319.

[13] King R, Burton S. Land Fragmentation: Notes on a Fundamental Rural Spatial Problem [J]. Progress in Human Geography, 1982, 6 (4): 475-494.

[14] Kumar H, Pandey B, Anand S. Analyzing the Impacts of Forest Ecosystem Services on Livelihood Security and Sustainability: A Case Study of JimCorbett National Park in Uttarakhand [J]. International Journal of Geoheritage and Parks, 2019 (7): 45-55.

[15] Len J, Mikulska K, Sajnóg N, et al. The Idea of Rational Management of Problematic Agricultural Areas in the Course of Land Consolidation [J]. Land Use Policy, 2018 (78): 36-45.

[16] Li Y, Wu W, Liu Y. Land Consolidation for Rural Sustainability in China: Practical Reflections and Policy Implications [J]. Land Use Policy, 2018 (74): 137-141.

[17] Li Y, Wu W, Liu Y. Land Consolidation Engineering and Modern Agriculture: A Case Study from Soil Particles to Agricultural Systems [J]. Journal of Geographical Sciences, 2018, 28 (12): 1896-1906.

[18] Li P, Chen Y, Hu W, et al. Possibilities and Requirements for Introducing Agri-environment Measures in Land Consolidation Projects in China, Evidence from Ecosystem Services and Farmers' Attitudes [J]. Science of The Total Environment, 2019 (650): 3145-3155.

[19] Lisec A, Primozic T, Ferlan M, Sumrada R, Drobne S. Land Owners' Perception of Land Consolidation and their Satisfaction with the Results-Slovenian Experiences [J]. Land Use Policy, 2014, 38: 550-563.

[20] Long H. Land Consolidation: An Indispensable Way of Spatial Restructuring in Rural China [J]. Journal of Geographical Sciences, 2017, 24 (2): 211-225.

[21] Muchová M, Leitmanová M, Petrovič F. Possibilities of Optimal Land Use as a Consequence of Lessons Learned from Land Consolidation Projects (Slovakia) [J]. Ecological Engineering, 2016 (90): 294-306.

[22] Pasakarnis G, Morley D, Maliene V. Rural Development and Challenges Establishing Sustainable Land Use in Eastern European Countries [J]. Land use policy, 2013, 30 (1): 703-710.

[23] Qu Y, Jiang G, Li Z, et al. Understanding Rural Land Use Transition and Regional Consolidation Implications in China [J]. Land Use Policy, 2019 (82): 742-753.

[24] Su M, Wall G, Wang Y, et al. Livelihood Sustainability in a Rural Tourism Destination-Hetu Town, Anhui Province, China [J]. Tourism Management, 2019 (71): 272-281.

[25] Sam K, Zabbey N. Contaminated Land and Wetland Remediation in Nigeria: Opportunities for Sustainable Livelihood Creation [J]. Science of the Total Environment, 2018 (639): 1560-1573.

[26] Uyan M, Cay T, Akcakaya O. A Spatial Decision Support System Design for Land Reallocation: A Case Study in Turkey [J]. Computers and Electronics in Agriculture, 2013 (98): 8-16.

[27] Wang Q Y, Zhang M, Cheong K C. Stakeholder Perspectives of China's Land Consolidation Program: A Case Study of Dongnan Village, Shandong Province [J]. Habitat International, 2014 (43): 172-180.

[28] Wolldridge J. Introductory Econometrics: A Modern Approach [M]. Kansas: South-Western College Pulishing, 2012.

[29] Wu P, Liu Q, John D. Land Consolidation and Productivity in Chinese Household Crop Production [J]. China Economic Review, 2005, 16 (1): 28-49.

[30] Yan J, Xia F, Bao H. Strategic Planning Framework for Land Consolidation in China: A Top-level Design Based on SWOT Analysis [J]. Habitat International, 2015 (48): 46-54.

[31] Zhou Y, Guo L, Liu Y. Land Consolidation Boosting Poverty Alleviation in China: Theory and practice [J]. Land Use Policy, 2019 (82): 339-348.

[32] 毕宇珠．中德城乡发展与土地利用比较研究：以山东省和巴伐利亚州为例 [M]. 北京：中国农业出版社，2012.

[33] 丁士军，张银银，马志雄．被征地农户生计能力变化研究——基于可持续生计框架的改进 [J]. 农业经济问题，2016 (6): 25-34.

[34] 国土资源部土地整治中心．中国土地整治发展研究报告 [M]. 北京：社会科学文献出版社，2016.

[35] 国土资源部地籍管理司 国土资源部土地整理中心．土地整治权属管理研究——土地整治项目权属调整调查及典型案例分析 [M]. 北京：地质出版社，2010.

[36] 谷晓坤．湖北省不同类型土地整治生态效应评价 [J]. 应用生态学报，2012，23 (8): 2263-2269.

[37] 郭圣乾，张纪伟．农户生计资本脆弱性分析 [J]. 经济经纬，2013

(3): 26-30.

[38] 贺雪峰, 罗兴佐, 陈涛, 等. 乡村水利与农地制度创新——以荆门市“划片承包”调查为例 [J]. 管理世界, 2003, (9): 76-88.

[39] 胡红梅, 张远索, 张占录. 台湾农村社区土地重划利益机制分析与借鉴 [J]. 台湾农业探索, 2014 (1): 7-12.

[40] 胡晗, 司亚飞, 王立剑. 产业扶贫政策对贫困户生计策略和收入的影响——来自陕西省的经验证据 [J]. 中国农村经济, 2018 (1): 78-89.

[41] 黄雪飞, 吴次芳. 城乡融合视野下全域土地整治的动力机制与规划框架构建研究 [J]. 国土资源情报, 2018 (6): 46-51.

[42] 贾文涛, 张中帆. 德国土地整理借鉴 [J]. 资源·产业, 2005 (2): 77-79.

[43] 李功奎, 钟甫宁. 农地细碎化、劳动力利用与农民收入——基于江苏省欠发达地区的实证研究 [J]. 中国农村经济, 2006 (4): 42-48.

[44] 李谷成, 冯中朝, 范丽霞. 小农户真的更加具有效率吗? 来自湖北省的经验证据 [J]. 经济学 (季刊), 2010, 9 (1): 95-124.

[45] 李子奈等. 计量经济学 (第三版) [M]. 北京: 高等教育出版社, 2011.

[46] 李聪, 王磊, 康博纬, 高梦. 易地移民搬迁农户的生计恢复力测度及影响因素分析 [J]. 西安交通大学学报 (社会科学版), 2019, 39 (4): 38-47.

[47] 林怡. 人力资本推动经济增长的作用机制研究 [J]. 金融经济, 2019 (2): 131-132.

[48] 刘晨芳, 赵微. 农地整治对农户生计策略的影响分析——基于 PSM-DID 方法的实证研究 [J]. 自然资源学报, 2018, 33 (9): 1613-1626.

[49] 龙花楼, 张英男, 屠爽爽. 论土地整治与乡村振兴 [J]. 地理学报, 2018, 73 (10): 1837-1849.

[50] 刘建生, 党昱譞, 惠梦倩. 土地整治项目协同治理: 理论框架与案例

研究 [J]. 中国土地科学, 2016, 30 (11): 61-67.
[51] 刘涛, 曲福田, 金晶, 等. 土地细碎化、土地流转对农户土地利用效率的影响 [J]. 资源科学, 2008, 30 (10): 1511-1516.
[52] 刘彦随. 农村土地整治要让农民受益 [J]. 西部大开发, 2010, (12): 43.
[53] 罗必良, 万燕兰, 洪炜杰, 钟文晶. 土地细碎化、服务外包与农地撂荒——基于9省区2704份农户问卷的实证分析 [J]. 经济纵横, 2019 (07): 63-73.
[54] 吕晓, 黄贤金, 钟太洋, 赵雲泰. 中国农地细碎化问题研究进展 [J]. 自然资源学报, 2011, 26 (3): 530-540.
[55] 卢新海, 谷晓坤, 李睿璞. 土地整理 [M]. 上海: 复旦大学出版社, 2011.
[56] 彭文龙, 吕晓. 农户视角下耕地规模经营与集约利用的耦合关系 [J]. 地理与地理信息科学, 2019, 35 (4): 91-97.
[57] 沈悦, 严金明, 陈昊. 基于"三生"空间优化的城乡交错区土地整治功能单元划定 [J]. 农业工程学报, 2018, 34 (11): 243-252.
[58] 孙晗霖, 刘新智, 张鹏瑶. 贫困地区精准脱贫户生计可持续及其动态风险研究 [J]. 中国人口·资源与环境, 2019, 29 (2): 145-155.
[59] 谭峻. 台湾地区第二次农地改革之启示 [J]. 中国土地科学, 2014, 28 (6): 91-96.
[60] 谭淑豪, Heerink N, 曲福田, 等. 土地细碎化对中国东南部稻农技术效率的影响 [J]. 中国农业科学, 2006, 39 (12): 2467-2473.
[61] 谭淑豪, 曲福田, Heerink N. 土地细碎化的成因及其影响因素分析 [J]. 中国农村观察, 2003 (6): 24-30.
[62] 谭荣, 王荣宇. 借鉴德国乡村整治经验助推全域土地综合整治 [J]. 浙江国土资源, 2018 (10): 19-22.
[63] 谈明洪, 吕昌河. 国外城市土地整理及对中国合理用地的启示 [J]. 农业工程学报, 2005 (S1): 154-158.

[64] 唐国建．可持续生计视阈下自然资本的变动对渔民生计策略的影响——以福建小链岛为例［J］．中国矿业大学学报（社会科学版），2019，21（1）：41-53.

[65] 田传浩，陈宏辉，贾生华．农地市场对耕地零碎化程度的影响——理论与来自苏浙鲁的经验［J］．经济学：季刊，2005，4（3）：769-784.

[66] 田孟，贺雪峰．中国的农地细碎化及其治理之道［J］．江西财经大学学报，2015，98（2）：88-96.

[67] 郧文聚，高璐璐，张超，等．从生态文明视角看我国土地利用的变化及影响［J］．环境保护，2018，46（20）：31-35.

[68] 吴诗嫚，李祎琛，卢新海，等．利益均衡下农地整治权属关系调整的研究进展［J］．中国土地科学，2016，30（7）：88-96.

[69] 吴诗嫚，杨钢桥，赵微．农地整治项目农户利益损失补偿研究——基于禀赋效应理论的实证分析［J］．中国土地科学，2015，29（11）：8-17.

[70] 文高辉，杨钢桥．耕地细碎化对农户耕地生产率的影响机理与实证［J］．中国人口·资源与环境，2019，29（05）：138-148.

[71] 文高辉，杨钢桥，汪文雄，赵微．基于农户视角的耕地细碎化程度评价——以湖北省“江夏区—咸安区—通山县”为例［J］．地理科学进展，2016，35（9）：1129-1143.

[72] 文高辉，杨钢桥，李岩，等．农地整治对耕地细碎化的治理效果及其原因分析——以湖北省江夏、咸安、通山三区（县）为实证［J］．中国土地科学，2016，30（9）：82-89.

[73] 文高辉，杨钢桥．耕地细碎化对农地整治中农户权属调整意愿的影响研究［J］．长江流域资源与环境，2019，28（3）：623-631.

[74] 汪文雄，刘志强．不同类型农户对农地整治权属调整认知差异及其成因［J］．资源科学，2019，41（7）：1329-1338.

[75] 谢静琪．台湾土地重划与农村发展［J］．中国土地，2015（6）：53-62.

[76] 谢金华，杨钢桥，许玉光．不同农地整治模式对农户生计策略的影响

研究——以江汉平原和鄂西南山区部分县市为例［J］. 中国农村经济，2018（11）：96-111.

［77］夏方舟，杨雨濛，严金明．中国国土综合整治近40年内涵研究综述：阶段演进与发展变化［J］. 中国土地科学，2018，32（5）：78-85.

［78］项晓敏，金晓斌，黄贤金，等．供给侧结构性改革视角下的土地整治制度创新初探［J］. 中国土地科学，2017，31（4）：12-21.

［79］信桂新，杨朝现，邵景安，钟守琴，魏朝富．基于农地流转的山地丘陵区土地整治技术体系优化及实证［J］. 农业工程学报，2017，33（6）：246-256.

［80］许玉光，杨钢桥，文高辉．耕地细碎化对耕地利用效率的影响——基于不同经营规模农户的实证分析［J］. 农业现代化研究，2017，38（4）：688-695.

［81］许玉光．农村土地整治对农户生计的影响研究［D］. 华中农业大学，2018.

［82］许恒周，田浩辰．农户生计多样化视角下农地确权政策实施效果评估——基于1254份农户问卷的实证研究［J］. 干旱区资源与环境，2018，32（2）：30-36.

［83］叶艳姝．土地整治：推进耕地保护的金钥匙［J］. 中国土地，2017（5）：17-18.

［84］严金明，夏方舟，马梅．中国土地整治转型发展战略导向研究［J］. 中国土地科学，2016（1）：1-6.

［85］杨相和．国外土地整理的启示与借鉴［J］. 国土经济，2002（7）：43-44.

［86］杨云彦，赵锋．可持续生计分析框架下农户生计资本的调查与分析——以南水北调（中线）工程库区为例［J］. 农业经济问题，2009（3）：58-65+111.

［87］王军．英国、芬兰土地整治及生态建设经验与启示［J］. 资源导刊，2018（11）：52-53.

[88] 张超正，杨钢桥．不同模式农地整治前后农户生计资本变化研究［J］. 中国土地科学，2018，32（10）：90-96.

[89] 钟甫宁，王兴稳．现阶段农地流转市场能减轻土地细碎化程度吗？——来自江苏兴化和黑龙江宾县的初步证据［J］. 农业经济问题，2010，(1)：23-33.

[90] 邹伟，王雪琪，林宝琴．乡镇政府主导农地流转的经济困境分析——农村土地综合整治中的D镇案例［J］. 中国行政管理，2017（9）：58-64.

[91] 伍继强．两种模式下增减挂钩项目农户参与意愿及其影响因素异质性分析［D］. 华中农业大学，2020.

[92] 张东丽，汪文雄，王子洋，王梅，杨海霞．农地整治权属调整中农户认知对行为响应的作用机制——基于改进 TPB 及多群组 SEM［J］. 中国人口·资源与环境，2020，30（2）：32-40.

[93] 张军连，李宪文，刘庆，等．国外市地整理模式研究［J］. 中国土地科学，2003（1）：46-51.

[94] 张静，朱玉春．社会资本视角下科特派企业精准扶贫分析［J］. 资源科学，2019，41（2）：352-361.

附录1：

调查问卷一

（调查区域与数据来源一）

整治区

农地整治对农户生计影响的调查问卷

调查对象：______县（区、市）______乡（镇）______村______组

第一节 农地整治实施情况调查

一、您所在的村庄是否实施了农地整理项目：______（是/否）。

若回答“是”，请继续回答下面问题；若回答“否”，请跳过本节。

（一）农地整理项目的开工时间：______，竣工时间：______。

（二）请根据您所在村庄的农地整理项目实际情况填写下表：

农地整治项目建设内容	是否实施（1=是，0=否）	实施内容	您对工程的满意度
土地平整工程			
田间道路工程			
灌溉与排水工程			
农田防护和生态环境保持工程			

续表

农地整治项目建设内容	是否实施 （1=是，0=否）	实施内容	您对工程的满意度
村庄整治工程			

注：土地平整工程：①小块并大块的土地整平，其结果表现为地块数量减少了，地块面积增加了，地块形状规整了 ②坡耕地修筑成梯田 ③废弃的道路、沟渠平整为耕地 ④废弃的宅基地，复垦为耕地；

灌溉与排水工程：①修建硬化渠道 ②修建土质渠道（包括对原有土渠进行清淤）③修建抽水泵站 ④修建硬化排水沟 ⑤修建土质排水沟（包括对原有水沟进行清淤） ⑥修建塘堰 ⑦修建蓄水池 ⑧修建水窖 ⑨修建堤坝；

农田防护和生态环境保持工程：①修建农田防护树木 ②修建农田防护草坪（皮）③修建拦河坝（堤） ④修建拦沙坝（堤） ⑤修建截水沟 ⑥修建排洪沟 ⑦修建谷坊 ⑧修建淤地坝；

田间道路工程：①修建水泥路和沥青路 ②修建泥结碎石路 ③修建土路 ④修建了机耕桥和人行桥；

村庄整治工程：①对村庄内部的沟道进行清淤、护砌 ②对村庄内部的塘堰进行清淤、护砌 ③修建（硬化）村庄内部的道路 ④修建村庄内部的晒谷场、文体活动场所 ⑤整修房屋 ⑥其他______；

满意度：①非常不满意 ②比较不满意 ③一般 ④比较满意 ⑤非常满意。

（三）您对农地整理项目整体的满意程度：

非常不满意__①__：__②__：__③__：__④__：__⑤__非常满意

（四）您家承包地是否进行了土地平整：______（是/否）。

若“是”，您家耕地平整的情况：水田：______亩______块；旱地：______亩______块。

二、本地是否有其他政府涉农项目与农地整治同步实施：______（是/否）；

若回答“是”，请继续回答下面问题；若回答“否”，请跳过本节。

同步实施的政府涉农项目有：______（按重要性排序，可多选；若选其他，请在横线处补充具体内容）。

①农村饮水安全工程 ②小型农田水利工程 ③水土保持工程 ④特大防汛工程 ⑤美丽乡村建设项目 ⑥“三改一建”项目 ⑦特色小镇 ⑧农村公路项目建设 ⑨易地扶贫搬迁项目 ⑩农业综合开发产业化经营项目、土地治理项目 ⑪国家现代农业示范区旱涝保收标准农田示范项目 ⑫其他______

第二节 生计资本变化调查

一、自然资本

（一）土地资源及其利用情况

1. 您家最近一轮（一般为第二轮）承包地面积为______亩，块数为______块。

农用地主要类型			承包面积	承包地块数
耕地	旱地	整治前		
		整治后		
	水田	整治前		
		整治后		
园地		整治前		
		整治后		

注：面积单位为标准亩；部分地区采用“大亩”（1亩=1000m^2）、“小亩”等来衡量，应换算为标准亩填写。

2. 您家是否有土地承包合同（否=0，有=1）______；如果有，土地承包合同颁发的时间______年。

（二）土地资源数量变化及其原因

1. 土地整治项目建设是否占用了您家的承包耕地？______（是/否）

（1）若回答“否”，请跳过此题，继续回答第2题；

（2）若回答“是”，请继续作答：

1）水田面积减少的原因包括：______（在横线上填写每项减少的数量）

①新建道路、沟渠等工程占用______ ②扩建道路、沟渠等工程占用______ ③新居民点建设占用______ ④基础设施和生活服务设施建设占用______ ⑤其他______。

2）旱地面积减少的原因包括：______（在下面填写每项增加的数量）

①新建道路、沟渠等工程占用______ ②扩建道路、沟渠等工程占用______ ③旱改水______ ④新居民点建设占用______ ⑤基础设施和生活服务设施建设占用______ ⑥其他______。

2. 土地整治项目建设是否增加了您家的承包耕地？______（是/否）

（1）若回答“否”，请跳过此题，继续回答第3题；

（2）若回答“是”，请继续作答：

1）水田面积增加的原因包括：______（在下面填写每项增加的数量）

①田块归并导致田埂减少______ ②废弃沟渠等复垦______ ③废弃道路复垦______ ④废弃宅基地复垦______ ⑤荒草地开发______ ⑥低产园地开发______ ⑦旱改水______ ⑧其他______

2）旱地面积增加的原因包括：______（在下面填写每项增加的数量）

①田块归并导致田埂减少______ ②废弃沟渠等复垦______ ③废弃道路复垦______ ④废弃宅基地复垦______ ⑤荒草地开发______ ⑥低产园地开发______ ⑦其他______

3. 土地整治项目建设是否占用了您家的承包园地？______（是/否）

（1）若回答“否”，请跳过此题，继续回答第4题；

（2）若回答“是”，请继续作答：占用______亩，占用原因为：______

（按重要性排序，可多选；若选其他，请在横线处补充具体内容）。

①沟渠、蓄水池等新建或修复拓宽　②道路新建或修复拓宽　③居民点（含房屋）新建或扩建　④其他原因______

4. 土地整治项目建设是否增加了您家的承包园地？______（是/否）

（1）若回答“否”，请跳过此题；

（2）若回答“是”，请继续作答：园地增加______亩，增加的原因为：______

（按重要性排序，可多选；若选其他，请在横线处补充具体内容）。

①田块归并导致田埂减少　②废弃工矿用复垦废弃等复垦　③废弃道路与沟渠复垦　④荒草地开发　⑤退耕　⑥其他原因______

（三）土地资源质量及其变化情况

1. 耕地质量及其变化情况

说明：耕地综合质量、耕地地面坡度、土壤肥沃程度、灌溉条件、排水排涝条件、田间道路运输、细碎平整条件的变化情况通过（①无变化　②变化小　③变化较小　④变化较大　⑤变化大）来反映。

<table>
<tr><th colspan="2" rowspan="2">农用地主要类型</th><th colspan="2">耕地综合质量
（很差__①__：__②__：__③__：__④__：__⑤__很好）</th><th rowspan="2">耕地综合质量变化情况</th></tr>
<tr><th>整治前</th><th>整治后</th></tr>
<tr><td rowspan="2">耕地</td><td>旱地</td><td></td><td></td><td></td></tr>
<tr><td>水田</td><td></td><td></td><td></td></tr>
</table>

注：耕地综合质量依据耕地地面坡度、土壤肥沃程度、灌溉条件、排水排涝条件、田间道路运输、细碎平整条件来综合判断（可依据农作物产量辅助判断）。

（1）承包耕地的地面坡度及其变化情况

农用地主要类型		坡度（陡峭__①__：__②__：__③__：__④__：__⑤__水平）		地面坡度变化情况
		整治前	整治后	
耕地	旱地			
	水田			

注：坡地改水平梯田，为“变化很大”；陡坡地改缓坡地，坡度大改坡度较小的，视情况为“变化较大”或“变化较小”；旱地改水田，视情况为“变化小”或“变化较小”；水田整治，为“无变化”。

（2）承包耕地的土壤肥沃程度及其变化情况

农用地主要类型		土壤肥沃程度（很差__①__：__②__：__③__：__④__：__⑤__很好）		土壤肥沃程度变化情况
		整治前	整治后	
耕地	旱地			
	水田			

注：土壤肥沃程度可以从土层厚度、土壤有机质含量、土壤质地结构、土壤砂砾石含量等方面综合判别。

（3）承包耕地的灌溉条件及其变化情况

农用地主要类型		灌溉条件（很差__①__：__②__：__③__：__④__：__⑤__很好）		灌溉条件变化情况
		整治前	整治后	
耕地	旱地			
	水田			

注：附近开挖了新的塘堰、新修了蓄水池/水窖、新修了拦水堤坝、灌溉渠道、新建了提水泵站，为“变化很大”；原有塘堰扩大、清淤、加固防渗等，原有蓄水池、水窖加固防渗，原有拦水堤坝、渠道加固与防渗，修缮了原有的提水泵站等，视情况为“变化较大”或“变化较小”。

（4）承包耕地的排水排涝条件及其变化情况

<table>
<tr><th colspan="2" rowspan="2">农用地主要类型</th><th colspan="2">排水排涝条件
（很差___①___：___②___：___③___：___④___：___⑤___很好）</th><th rowspan="2">排水排涝条件变化情况</th></tr>
<tr><th>整治前</th><th>整治后</th></tr>
<tr><td rowspan="2">耕地</td><td>旱地</td><td></td><td></td><td></td></tr>
<tr><td>水田</td><td></td><td></td><td></td></tr>
</table>

注：附近开挖了新的排水沟并使之与区内外河流湖泊联通、新建了排涝泵站，为“变化很大”；对原有排水沟、蓄水塘堰、排涝泵站进行修缮，视情况为“变化较大”或“变化较小”。

（5）承包耕地的田间道路运输条件及其变化情况

<table>
<tr><th colspan="2" rowspan="2">农用地主要类型</th><th colspan="2">田间道路运输条件
（很差___①___：___②___：___③___：___④___：___⑤___很好）</th><th rowspan="2">田间道路运输条件变化情况</th></tr>
<tr><th>整治前</th><th>整治后</th></tr>
<tr><td rowspan="2">耕地</td><td>旱地</td><td></td><td></td><td></td></tr>
<tr><td>水田</td><td></td><td></td><td></td></tr>
</table>

注：新修了田间道路、农业机械能直接下田（或到田边），为“变化很大”；新修了田间道路、但农业机械不能直接下田（或到田边）、离自家耕地还有一定距离，为“变化较大”；对原有田间道路进行维修，视情况为“变化很小”或“变化较小”。

（6）承包耕地的细碎平整条件及其变化情况

<table>
<tr><td rowspan="2" colspan="2">农用地主要类型</td><td colspan="2">细碎平整条件
（很差__①__：__②__：__③__：__④__：__⑤__很好）</td><td rowspan="2">细碎平整条件变化情况</td></tr>
<tr><td>整治前</td><td>整治后</td></tr>
<tr><td rowspan="2">耕地</td><td>旱地</td><td></td><td></td><td></td></tr>
<tr><td>水田</td><td></td><td></td><td></td></tr>
</table>

注：进行了大面积的土地平整（小田块并大田块）、权属重新调整、且并地后地块数大大减少的，为“变化很大”；进行了小范围（小面积）的土地平整（小块并大块）、并地后地块数有所减少的，视情况为“变化较大”或“变化较小”。

2. 园地质量及其变化情况

说明：园地综合质量、园地地面坡度、土壤肥沃程度、灌溉条件、排水排涝条件、田间道路运输的变化情况用（①无变化 ②变化小 ③变化较小 ④变化较大 ⑤变化大）来反映。

<table>
<tr><td rowspan="2">农用地主要类型</td><td colspan="2">园地综合质量
（很差__①__：__②__：__③__：__④__：__⑤__很好）</td><td rowspan="2">园地综合质量变化情况</td></tr>
<tr><td>整治前</td><td>整治后</td></tr>
<tr><td>园地</td><td></td><td></td><td></td></tr>
</table>

注：园地综合质量依据园地地面坡度、土壤肥沃程度、灌溉条件、排水排涝条件、田间道路运输来综合判断（可依据农作物产量辅助判断）。

（1）承包园地的地面坡度及其变化情况

农用地主要类型	坡度 （陡峭_①_：_②_：_③_：_④_：_⑤_水平）		地面坡度变化情况
	整治前	整治后	
园地			

注：坡地改水平梯田，为“变化很大”；陡坡地改缓坡地，坡度大改坡度较小的，视情况为“变化较大”或“变化较小”；较平坦的地块平整的，视情况为“变化小”或“变化较小”。

（2）承包园地的土壤肥沃程度及其变化情况

农用地主要类型	土壤肥沃程度 （很差_①_：_②_：_③_：_④_：_⑤_很好）		土壤肥沃程度变化情况
	整治前	整治后	
园地			

注：土壤肥沃程度可以从土层厚度、土壤有机质含量、土壤质地结构、土壤砂砾石含量等方面综合判别。

（3）承包园地的灌溉条件及其变化情况

农用地主要类型	灌溉条件 （很差_①_：_②_：_③_：_④_：_⑤_很好）		灌溉条件变化情况
	整治前	整治后	
园地			

注：附近开挖了新的塘堰、新修了蓄水池/水窖、新修了拦水堤坝、灌溉渠道、新建了提水泵站，为“变化很大”；原有塘堰扩大、清淤、加固防渗等，原有蓄水池、水窖加固防渗，原有拦水堤坝、渠道加固与防渗，修缮了原有的提水泵站等，视情况为“变化较大”或“变化较小”。

（4）承包园地的排水排涝条件及其变化情况

<table>
<tr><td rowspan="2">农用地主要类型</td><td colspan="2">排水排涝条件
（很差__①__：__②__：__③__：__④__：__⑤__很好）</td><td rowspan="2">排水排涝条件变化情况</td></tr>
<tr><td>整治前</td><td>整治后</td></tr>
<tr><td>园地</td><td></td><td></td><td></td></tr>
</table>

注：附近开挖了新的排水沟并使之与区内外河流湖泊联通、新建了排涝泵站，为“变化很大”；对原有排水沟、蓄水塘堰、排涝泵站进行修缮，视情况为“变化较大”或“变化较小”。

（5）承包园地的田间道路运输条件及其变化情况

<table>
<tr><td rowspan="2">农用地主要类型</td><td colspan="2">田间道路运输条件
（很差__①__：__②__：__③__：__④__：__⑤__很好）</td><td rowspan="2">田间道路运输条件变化情况</td></tr>
<tr><td>整治前</td><td>整治后</td></tr>
<tr><td>园地</td><td></td><td></td><td></td></tr>
</table>

注：新修了田间道路、农业机械能直接到园地，为“变化很大”；新修了田间道路、但农业机械不能直接到达园地、离自家园地还有一定距离，为“变化较大”；对原有田间道路进行维修，视情况为“变化很小”或“变化较小”。

二、人力资本

（一）农户家庭基本特征

1. 目前您家的基本情况：总人口______人，劳动力______人，纯农业劳动力______人。

（农户家庭人口以户口本为准）

与户主关系	性别	年龄	受教育程度	是否为村干部（1=是，0=否），并注明年份	健康状况
户主					

注：请在受访者信息前打“√”；农户家庭人口家庭劳动力为家庭中年满16周岁低于70周岁非学生、非参军和非丧失劳动能力者。受教育程度：①文盲 ②小学 ③初中 ④高中或中专 ⑤大专及以上；健康状况：①很差 ②较差 ③一般 ④较好 ⑤很好。

2. 您目前从事的工作：______

①纯农业 ②以农业为主，非农业为辅 ③非农业为主，农业为辅 ④纯非农业 ⑤无劳动能力或退休

（二）农地整治中农户的技能水平变化情况

1. 您家是否有成员参与农地整治项目？______（是/否）

（1）若回答“否”，请跳过本节。

（2）若回答“是”，请继续回答第2题；

2. 家庭成员参与农地整治项目的情况：

主要参与者	项目立项可行性分析	规划设计	工程施工与监理	工程验收	后期管护
户主					

注：参与程度：①未参与 ②参与很少 ③参与较小 ④参与较大 ⑤全程参与。

3. 您参与农地整治项目学到了哪些知识？______

（按重要性排序，可多选；若选其他，请在横线处补充具体内容）。

①土地整治与农业农村发展的相关政策 ②工程规划设计知识 ③工程施工与监理知识 ④工程验收知识 ⑤工程管护知识 ⑥农村公共事物参与、组织、协调等方面的知识 ⑦其他______

4. 农户整体技能水平及其变化情况：

农户整体技能水平（低 ① ： ② ： ③ ： ④ ： ⑤ 高）		技能水平变化情况
整治前	整治后	

注：结合问题2、问题3综合判别，全程参与农地整治项目，为“变化很大”；参与项目部分阶段且参与程度较高，为“变化较大”；参与某一阶段且参与程度较低，视情况为“变化很小”或“变化较小”。

5. 您认为参与农地整治项目对家庭成员今后的就业：

①没有帮助 ②帮助很小 ③帮助较小 ④帮助较大 ⑤帮助很大

三、物质资本

（一）住房变化情况

1. 土地整治工程是否影响您家住房情况？______（是/否）；

若是，则影响方式为______（请在具体的选项下面打“✓”，若选其他，请在横线处补充）。

①原有房屋外立面靓化 ②房屋修护（主要指改水、改厕、改厨）③异地新建 ④其他______

2. 农地整治前后您家的住房情况：

	整治前	整治后	说　明
住房整体状况			①很差　②较差　③一般　④较好　⑤很好

注：住房整体状况根据住房类型（毛坯房、砖木房、砖混结构等）、新旧程度综合判断。

（二）其他生活性基础设施变化情况

村庄内部及周边设施	整治前	整治后	说　明
沟渠、塘堰设施			①很差　②较差　③一般　④较好　⑤很好
绿地、景观设施			
文体设施			
环卫设施			
道路			

（三）生产性物资设备

1. 您家有以下哪些农业机械：整治前有______，总数量为______个；整治后有______，总数量为______个。（可多选；请在具体的选项下面打“✓”，若选其他，请在横线处补充）

①三轮车　②拖拉机　③打米机　④抽水机（水泵）　⑤插秧机　⑥耕田机　⑦收割机　⑧其他______

（四）生活性物资设备

1. 您家有以下哪些耐用消费品：整治前有______，资产价值为______元；整治后有______，资产价值为______元。（可多选；请在具体的选项下面打“✓”，若选其他，请在横线处补充）

①电脑　②空调　③电冰箱　④洗衣机　⑤电视机　⑥热水器　⑦小型货车/面包车　⑧汽车　⑨摩托车　⑩手机　⑪组合家具　⑫其他______

四、金融资本

金融资本	整治前	整治后	说　　明
家庭存款			①<1　②1～5　③5～10　④10～15　⑤15～20　⑥20万以上
从正规或非正规渠道贷款的方便度			①很难　②较难　③一般　④比较方便　⑤方便
能借贷到的资金额度	______	______	单位：元

注：正规贷款渠道主要包括银行、农村信用合作社等；非正规渠道指民间借贷（如亲友）等。

五、社会资本

1. 农地整治前后，您（或您的家人）参与社区组织的情况：

	整治前	整治后	说　　明
是否为社区组织正式成员			1＝是，0＝否
加入社区组织的种类			①耕地保护协会或农民用水者协会 ②各类农产品种植专业合作社（如水稻、蔬菜、瓜果等） ③农机服务或农业技术推广专业合作社 ④农村公共事务理事会 ⑤农地整治项目工程质量监督机构 ⑥其他______ （可多选；请按照重要性排序）
在社区组织中的地位及作用			①正副领导成员　②其他领导组成员　③核心成员　④一般成员　⑤名义成员

注：整治期间农户参与的社区组织情况归到“整治后”中。

2. 农地整治前后农户与左邻右舍之间的土地权属、农业生产关系：

	（很多_①_：_②_：_③_：_④_：_⑤_很少）		变化情况
	整治前	整治后	
与左邻右舍之间的土地权属、农业生产的矛盾			

注：若进行了“小块并大块的土地平整工程、并开展土地权属调整分配”，若其他工程建设完善，解决农户间农业生产纠纷（如用水等），其变化为“大”；若进行了小块并大块的土地平整工程、但还是按原有的地块大致位置分配土地，结合其他工程的建设情况，其变化“较大”；若没有进行小块并大块的土地平整工程，其变化为“无”或“小”。变化情况：①无变化 ②变化小 ③变化较小 ④变化较大 ⑤变化大。

第三节　生计策略/生计活动调查

一、承包地经营情况

（一）承包地流转情况

		流转情况	流转租金（元/亩/年）	流转对象
旱地	整治前			
	整治后			
水田	整治前			
	整治后			
园地	整治前			
	整治后			

注：流转情况为①未流转　②转入　③转出；流转租金是指转入/转出承包地的代价，通常为现金，若采用农作物（如稻谷）代替的，请采用农作物市值代替，若农户未流转，则填写本地普遍流转价格。流转对象包括：①其他农户　②村集体　③农民合作社　④农业产业化龙头企业。

（二）实际耕种情况

	旱地		水田		园地	
	整治前	整治后	整治前	整治后	整治前	整治后
承包地面积						
抛荒面积						
转变成其他用途						
转入面积						
转出面积						
实际耕种面积						

注：面积单位为标准亩；部分地区采用“大亩”（1 亩 = 1000m^2）、“小亩”等来衡量，需要换算为标准亩填写；转变成其他用途主要包括林地、建房等；实际耕种面积 = 承包地面积 - 抛荒地面积 - 转变成其他用途 +（转入面积 - 转出面积）。

二、农业投入产出情况

若您家的承包地实际耕种面积为 0，请跳过此题，回答第 3 题，否则请填写下表：

（一）旱地作物种植情况

旱地作物种类（重要性排序）		种植面积	主产品总产量（斤）	主产品出售量（斤）	价格（元/斤）	总产值（元）
作物 1 ______	整治前					
	整治后					
作物 2 ______	整治前					
	整治后					
作物 3 ______	整治前					
	整治后					

注：种植面积是指在一定范围内已经种植农作物的土地面积，单位为标准亩，例如：若 1 亩水田一年种植两季，则种植面积为 2 亩。

（二）水田作物种植情况

水田作物种类（重要性排序）		种植面积	主产品总产量（斤）	主产品出售量（斤）	价格（元/斤）	总产值（元）
作物 1 ______	整治前					
	整治后					
作物 2 ______	整治前					
	整治后					
作物 3 ______	整治前					
	整治后					

（三）园地作物种植情况

园地作物种类（重要性排序）		种植面积	主产品总产量（斤）	主产品出售量（斤）	价格（元/斤）	总产值（元）
作物 1 ______	整治前					
	整治后					
作物 2 ______	整治前					
	整治后					
作物 3 ______	整治前					
	整治后					

（四）农作物生产投入情况

1. 劳动投入

（1）旱地劳动力投入情况

旱地	作物 1 ______		作物 2 ______		作物 3 ______		雇佣工资
	A	B	A	B	A	B	
整治前							
整治后							

注：A 栏填写自家劳动力务农天数，B 栏填写雇佣劳动力务农天数；用标准工作日表示，标准工作日（简称日）是指一个中等劳动力在正常情况下劳动 8 小时，务农天数为每个劳动力的务农天数之和。

（2）水田劳动力投入情况

水田	作物 1 ______		作物 2 ______		作物 3 ______		雇佣工资
	A	B	A	B	A	B	
整治前							
整治后							

（3）园地劳动力投入情况

园地	作物 1 ______		作物 2 ______		作物 3 ______		雇佣工资
	A	B	A	B	A	B	
整治前							
整治后							

2. 流动资本投入

	种子苗木费用	化肥费用	农家肥（斤）	农药费用	农膜费用	水电灌溉费用
整治前						
整治后						

3. 固定资本投入

（1）自有农机折旧情况（元）

农机种类	三轮车	拖拉机	插秧机	耕田机	收割机	抽水机
购买时间（年月）						
购买价格（元）						
使用寿命（年）						
现值（元）						

（2）农机租赁情况（元）

	三轮车	拖拉机	插秧机	耕田机	收割机	抽水机
整治前						
整治后						

（五）畜牧养殖业投入产出情况

养殖种类（重要性排序）		养殖总量	主产品出售量（斤）	价格（元/斤）	养殖成本
	整治前				
	整治后				
	整治前				
	整治后				
	整治前				
	整治后				

注：仅列举最主要的家畜、家禽、水产种类。畜牧养殖成本是指养殖过程中的各项费用，以小龙虾为例，主要包括虾种选购费、饲料费、水体消毒和水草种植费、养殖工具（拦网、地笼等）、运输费等。

三、家庭劳动力就业情况

（一）您家目前从事的工作：______

①纯农业 ②以农业为主，非农业为辅 ③非农业为主，农业为辅 ④纯非农业

（二）您家是否与农业合作社、农业企业、农业旅游企业等进行合作？______（是/否）；

（1）若回答“否”，请跳过本节。

（2）若回答“是”，请填写下表；

	整治前	整治后	说明
您家与农业大户、农业合作社或农业企业的合作方式			①承包地由农业合作社或农业企业统一经营 ②承包地由农业合作社或农业企业统一经营，农户作为农业产业工人加入其中 ③承包地由农业合作社或农业企业统一经营，农户加入其中从事非农生产活动 ④农民合作社或农业企业提供技术支持、统购包销，农户开展“订单式”农业生产 ⑤农户加入农业旅游企业或合作社从事商业经营活动 ⑥农户在农业旅游企业或合作社带领下独立从事经商服务活动，如“农家乐”“民宿”

（三）劳动力就业情况统计：

劳动力就业情况		务农		打工				经商			
		工作对象	劳动时间	地区	工作对象	劳动时间	工资性收入	地区	工作对象	劳动时间	经营性收入
户主	整治前										
	整治后										

续表

劳动力就业情况		务农		打工				经商			
		工作对象	劳动时间	地区	工作对象	劳动时间	工资性收入	地区	工作对象	劳动时间	经营性收入
成员 2	整治前										
	整治后										
成员 3	整治前										
	整治后										
成员 4	整治前										
	整治后										
成员 5	整治前										
	整治后										
成员 6	整治前										
	整治后										

注：收入都是指纯收入；经营性收入为扣除各项成本的纯收入。地区是指劳动区域，包括①本村　②附近乡镇　③外地城镇；工作对象：①农户自家　②农业企业　③农业合作社　④农业旅游企业　⑤其他雇主；劳动时间是指一年中的劳动天数，用标准工作日衡量。务农即从事农业劳动，主要指种植业、畜牧业、林业、渔业等；务工是指受雇于人，从事体力劳动的工作。

第四节　生计结果调查

一、家庭财产性收入与转移性收入情况

		整治前	整治后
财产性收入	土地租金收入		
	房屋出租收入		
	农机出租收入		
	其他财产性收入		

续表

		整治前	整治后
转移性收入	农业补贴		
	离退休金		
	养老金		
	子女赡养收入		
	其他转移性收入		

注：单位为“元”。农业补贴主要包括良种补贴、种粮直接补贴、农资综合补贴、农机购置补贴等。其他收入主要包括财产性收入（如存款利息等）、其他转移性收入（如赠送收入、低保等）。

二、农户福祉

农户福祉认知	整治前	整治后	变化情况
您对您家的生产活动是否满意？			
您对您家的生活空间是否满意？			
您对本村的生态环境是否满意？			
您对您家生产、生活、生态空间改善的整体满意度？			

注：满意度：①非常不满意　②比较不满意　③一般　④比较满意　⑤非常满意。对生产活动的满意度，可以通过对生产时间、劳动强度、生产成本与收益等综合判断；对生活空间的满意度，可以通过对文体设施、休闲娱乐、人际关系和居住条件等综合判断；对生态环境的满意度，可以通过对居民点内部与外部的环境卫生、景观状况等综合判断。变化情况：①无变化　②变化小　③变化较小　④变化较大　⑤变化大。

第五节　农地整治对耕地生态价值的影响概况

一、农户对耕地生态服务功能的认知程度调查

（一）您平时对土地资源相关的生态问题是否关注（电视、互联网、

报纸等途径)？

①从不关心　②不是很关注　③一般　④比较关注　⑤非常关注

（二）您认为耕地除了能给农民带来经济收入之外，还具有保护生态环境的功能吗？

①有　②没有　③说不清楚

（三）您认为耕地以下部分效益或功能重要吗？

耕地生态服务功能	非常重要	比较重要	一般	不重要	不清楚
调节大气、清新空气					
调节气候（如夏季农村的气温比城里低）					
调节洪水、蓄水					
防止水土流失、保土					
净化水源、降低污染					
作为昆虫、水鸟等野生动物的栖息地，维护生物多样性					
作为一种景观，供人观光、游憩					

（四）您认为目前本地农田的生态功能是否在减少或降低？______（①是　②否）

（五）若回答是，您认为导致农田生态功能降低的原因是什么：

①城市不断扩张、城市建设用地占用耕地，破坏当地生态环境

②农用地整治，原有的土沟、土渠、生产路硬化，破坏当地生态环境

③农民种田收入低，农地长期撂荒，导致农田生态功能下降

④化肥、农药过度使用，造成环境污染

⑤洪涝、干旱等自然灾害导致农田生态功能下降

（六）您觉得有必要采取相关措施来防止耕地生态功能降低吗？

①有必要　②没有必要　③不清楚

（七）您认为农田生态保护主要是谁的责任？

①政府　②市民　③农民　④谁破坏谁负责　⑤全体人民

二、农用地整治对耕地生态服务功能的影响情况

（一）农用地整治后耕地气候调节功能是否发生改变：

①明显降低　②略微降低　③没有变化　④略微提高　⑤明显提高

（说明：耕地气候调节功能是指耕地系统能够通过水分蒸发和植被蒸腾作用，进而降低温度、增加空气湿度的功能。）

（二）农用地整治后耕地水源涵养功能是否发生改变：

①明显降低　②略微降低　③没有变化　④略微提高　⑤明显提高

（说明：耕地水源涵养功能主要包括截流降雨和水田储水，反映土壤的供水能力。）

（三）农用地整治后耕地土壤保持功能是否发生改变：

①明显降低　②略微降低　③没有变化　④略微提高　⑤明显提高

（说明：耕地土壤保持功能是指保持土壤养分、减少土地废弃和减轻泥沙淤积的功能。）

（四）农用地整治后耕地环境净化功能的变化情况：

①明显降低　②略微降低　③没有变化　④略微提高　⑤明显提高

（说明：耕地环境净化功能是指耕地具有减少环境污染的作用，主要是指对灌溉水源的净化和空气的净化。）

（五）农用地整治后耕地生物多样性维持功能的变化情况：

①明显降低　②略微降低　③没有变化　④略微提高　⑤明显提高

（说明：耕地生物多样性维持功能主要是指耕地通过自然资源环境和生物群落的整合创造了适宜生物生存的环境，为生物资源提供了繁衍生息的场所。）

（六）农用地整治后耕地景观功能的变化情况：

①明显降低　②略微降低　③没有变化　④略微提高　⑤明显提高

（说明：耕地景观功能是指耕地作为一种自然景观类型，能够给人类提供参观、游览的功能。）

三、农户对耕地生态服务价值的支付意愿调查

背景介绍：耕地除了能够生产农产品外，还具有净化大气、调节气候、美化环境、提供观光旅游等许多的生态功能。如今，随着农业科技的发展，以及耕地基础设施条件的不断完善等，我国粮食产量不断提高。但与此同时，由于城市扩张、化肥和农药过度使用以及洪涝、干旱等自然灾害时有发生，导致耕地的这些生态功能不断降低，相应地影响到人们的生活环境。假设现在成立一个耕地保护协会，通过种植农田防护林、土壤污染修复、净化灌溉水源等方式降低当地环境污染，保护耕地的生态功能，维持和提高我们目前的生活质量。

（一）您的家庭愿意为保护自家农田生态功能而捐钱、捐物或参加义务劳动吗？

①愿意　②不愿意

（1）如果选“不愿意”，请问您的原因是什么。

①农地保护不重要　②农地保护是政府的事情，与我无关　③没有多余的钱和时间来参与　④没有多大作用　⑤其他原因：

（2）如果选“愿意”，请问您愿意以下面哪种形式参加农地保护？

①出钱　②参加义务劳动

（二）选择“出钱”方式的，您的家庭每年愿意为保护每亩地支付多少钱：

A. 1~5元　B. 6~10元　C. 11~15元　D. 16~20元　E. 21~25元　F. 26~30元　G. 31~35元　H. 36~40元　I. 41~45元　J. 46~50元　K. 51~60元　L. 61~70元　M. 71~80元　N. 81~90元　O. 91~100元　P. 101~200元　Q. 201~300元　R. 301~400元　S. 其他______

（三）选择“参加义务劳动”方式，您的家庭每年最多愿意义务劳动多少天：

A. 1天　B. 2天　C. 3天　D. 4天　E. 5天　F. 6天　G. 7天　H. 8天　I. 9天　J. 10天　K. 11天　L. 12天　M. 其他______

四、农户对耕地生态服务价值的受偿意愿调查

背景介绍：农田保护的好处如提供优美的田园风光和清新的空气等在

上述问题中我们已经有所接触。假如，目前政府为了促进农民保护农田的积极性，发放一定的补贴作为回报保护农田对生态环境保护带来的好处。假设政府一次性补贴到位，根据您家承包地的面积、承包地生态环境质量来确定补偿的具体额度。您觉得根据您家承包地的生态环境质量水平，您家每年每亩耕地应该得到多少补贴：

A. 1~5元　B. 6~10元　C. 11~15元　D. 16~20元　E. 21~25元　F. 26~30元　G. 31~35元　H. 36~40元　I. 41~45元　J. 46~50元　K. 51~60元　L. 61~70元　M. 71~80元　N. 81~90元　O. 91~100元　P. 101~200元　Q. 201~300元　R. 301~400元　S. 其他______

未整治区　　　　问卷编号：______

未整治区农户生计的调查问卷

调查对象：______县（区、市）______乡（镇）______村______组

第一节　生计资本变化调查

一、自然资本

（一）土地资源及其利用情况

1. 您家最近一轮（一般为第二轮）承包地面积为______亩，块数为______块。

农用地主要类型			承包面积	承包地块数
耕地	旱地	______年		
		2017年		
	水田	______年		
		2017年		

续表

农用地主要类型		承包面积	承包地块数
园地	____年		
	2017年		

注：面积单位为标准亩；部分地区采用“大亩”（1亩=1000m²）、“小亩”等来衡量，应换算为标准亩填写。

2. 您家是否有土地承包合同（否=0，有=1）______；如果有，土地承包合同颁发的时间______年。

（二）土地资源数量变化

农用地主要类型			面积变化（①不变 ②增加 ③减少）	变化量（亩）
耕地	旱地	____年		
		2017年		
	水田	____年		
		2017年		
园地		____年		
		2017年		

（三）土地资源质量及其变化情况

1. 耕地质量及其变化情况

说明：耕地综合质量、耕地地面坡度、土壤肥沃程度、灌溉条件、排水排涝条件、田间道路运输、细碎平整条件的变化情况通过（①无变化 ②变化小 ③变化较小 ④变化较大 ⑤变化大）来反映。

<table>
<tr><td colspan="2" rowspan="2">农用地主要类型</td><td colspan="2">耕地综合质量
（很差__①__：__②__：__③__：__④__：__⑤__很好）</td><td rowspan="2">耕地综合质量变化情况</td></tr>
<tr><td>______年</td><td>2017 年</td></tr>
<tr><td rowspan="2">耕地</td><td>旱地</td><td></td><td></td><td></td></tr>
<tr><td>水田</td><td></td><td></td><td></td></tr>
</table>

注：耕地综合质量依据耕地地面坡度、土壤肥沃程度、灌溉条件、排水排涝条件、田间道路运输、细碎平整条件来综合判断（可依据农作物产量辅助判断）。

（1）承包耕地的地面坡度及其变化情况

<table>
<tr><td colspan="2" rowspan="2">农用地主要类型</td><td colspan="2">坡度
（陡峭__①__：__②__：__③__：__④__：__⑤__水平）</td><td rowspan="2">地面坡度变化情况</td></tr>
<tr><td>______年</td><td>2017 年</td></tr>
<tr><td rowspan="2">耕地</td><td>旱地</td><td></td><td></td><td></td></tr>
<tr><td>水田</td><td></td><td></td><td></td></tr>
</table>

注：坡地改水平梯田，为“变化很大”；陡坡地改缓坡地，坡度大改坡度较小的，视情况为“变化较大”或“变化较小”；旱地改水田，视情况为“变化小”或“变化较小”；水田整治，为“无变化”。

（2）承包耕地的土壤肥沃程度及其变化情况

<table>
<tr><td colspan="2" rowspan="2">农用地主要类型</td><td colspan="2">土壤肥沃程度
（很差__①__：__②__：__③__：__④__：__⑤__很好）</td><td rowspan="2">土壤肥沃程度变化情况</td></tr>
<tr><td>______年</td><td>2017 年</td></tr>
<tr><td rowspan="2">耕地</td><td>旱地</td><td></td><td></td><td></td></tr>
<tr><td>水田</td><td></td><td></td><td></td></tr>
</table>

注：土壤肥沃程度可以从土层厚度、土壤有机质含量、土壤质地结构、土壤砂砾石含量等方面综合判别。

（3）承包耕地的灌溉条件及其变化情况

<table>
<tr><td colspan="2" rowspan="2">农用地主要类型</td><td colspan="2">灌溉条件
（很差 ① ： ② ： ③ ： ④ ： ⑤ 很好）</td><td rowspan="2">灌溉条件变化情况</td></tr>
<tr><td>______年</td><td>2017年</td></tr>
<tr><td rowspan="2">耕地</td><td>旱地</td><td></td><td></td><td></td></tr>
<tr><td>水田</td><td></td><td></td><td></td></tr>
</table>

注：附近开挖了新的塘堰、新修了蓄水池/水窖、新修了拦水堤坝、灌溉渠道、新建了提水泵站，为“变化很大”；原有塘堰扩大、清淤、加固防渗等，原有蓄水池、水窖加固防渗，原有拦水堤坝、渠道加固与防渗，修缮了原有的提水泵站等，视情况为“变化较大”或“变化较小”。

（4）承包耕地的排水排涝条件及其变化情况

<table>
<tr><td colspan="2" rowspan="2">农用地主要类型</td><td colspan="2">排水排涝条件
（很差 ① ： ② ： ③ ： ④ ： ⑤ 很好）</td><td rowspan="2">排水排涝条件变化情况</td></tr>
<tr><td>______年</td><td>2017年</td></tr>
<tr><td rowspan="2">耕地</td><td>旱地</td><td></td><td></td><td></td></tr>
<tr><td>水田</td><td></td><td></td><td></td></tr>
</table>

注：附近开挖了新的排水沟并使之与区内外河流湖泊联通、新建了排涝泵站，为“变化很大”；对原有排水沟、蓄水塘堰、排涝泵站进行修缮，视情况为“变化较大”或“变化较小”。

（5）承包耕地的田间道路运输条件及其变化情况

<table>
<tr><td colspan="2" rowspan="2">农用地主要类型</td><td colspan="2">田间道路运输条件
（很差＿①＿：＿②＿：＿③＿：＿④＿：＿⑤＿很好）</td><td rowspan="2">田间道路运输条件变化情况</td></tr>
<tr><td>＿＿年</td><td>2017 年</td></tr>
<tr><td rowspan="2">耕地</td><td>旱地</td><td></td><td></td><td></td></tr>
<tr><td>水田</td><td></td><td></td><td></td></tr>
</table>

注：新修了田间道路、农业机械能直接下田（或到田边），为“变化很大”；新修了田间道路、但农业机械不能直接下田（或到田边）、离自家耕地还有一定距离，为“变化较大”；对原有田间道路进行维修，视情况为“变化很小”或“变化较小”。

（6）承包耕地的细碎平整条件及其变化情况

<table>
<tr><td colspan="2" rowspan="2">农用地主要类型</td><td colspan="2">细碎平整条件
（很差＿①＿：＿②＿：＿③＿：＿④＿：＿⑤＿很好）</td><td rowspan="2">细碎平整条件变化情况</td></tr>
<tr><td>＿＿年</td><td>2017 年</td></tr>
<tr><td rowspan="2">耕地</td><td>旱地</td><td></td><td></td><td></td></tr>
<tr><td>水田</td><td></td><td></td><td></td></tr>
</table>

注：进行了大面积的土地平整（小田块并大田块）、权属重新调整、且并地后地块数大大减少的，为“变化很大”；进行了小范围（小面积）的土地平整（小块并大块）、并地后地块数有所减少的，视情况为“变化较大”或“变化较小”。

2. 园地质量及其变化情况

说明：园地综合质量、园地地面坡度、土壤肥沃程度、灌溉条件、排水排涝条件、田间道路运输的变化情况用（①无变化　②变化小　③变化较小　④变化较大　⑤变化大）来反映。

农用地主要类型	园地综合质量 （很差___①___：___②___：___③___：___④___：___⑤___很好）		园地综合质量变化情况
	____年	2017 年	
园地			

注：园地综合质量依据园地地面坡度、土壤肥沃程度、灌溉条件、排水排涝条件、田间道路运输来综合判断（可依据农作物产量辅助判断）。

（1）承包园地的地面坡度及其变化情况

农用地主要类型	坡度 （陡峭___①___：___②___：___③___：___④___：___⑤___水平）		地面坡度变化情况
	____年	2017 年	
园地			

注：坡地改水平梯田，为“变化很大”；陡坡地改缓坡地，坡度大改坡度较小的，视情况为“变化较大”或“变化较小”；较平坦的地块平整的，视情况为“变化小”或“变化较小”。

（2）承包园地的土壤肥沃程度及其变化情况

农用地主要类型	土壤肥沃程度 （很差___①___：___②___：___③___：___④___：___⑤___很好）		土壤肥沃程度变化情况
	____年	2017 年	
园地			

注：土壤肥沃程度可以从土层厚度、土壤有机质含量、土壤质地结构、土壤砂砾石含量等方面综合判别。

（3）承包园地的灌溉条件及其变化情况

农用地主要类型	灌溉条件（很差___①___：___②___：___③___：___④___：___⑤___很好）		灌溉条件变化情况
	____年	2017年	
园地			

注：附近开挖了新的塘堰、新修了蓄水池/水窖、新修了拦水堤坝、灌溉渠道、新建了提水泵站，为“变化很大”；原有塘堰扩大、清淤、加固防渗等，原有蓄水池、水窖加固防渗，原有拦水堤坝、渠道加固与防渗，修缮了原有的提水泵站等，视情况为“变化较大”或“变化较小”。

（4）承包园地的排水排涝条件及其变化情况

农用地主要类型	排水排涝条件（很差___①___：___②___：___③___：___④___：___⑤___很好）		排水排涝条件变化情况
	____年	2017年	
园地			

注：附近开挖了新的排水沟并使之与区内外河流湖泊联通、新建了排涝泵站，为“变化很大”；对原有排水沟、蓄水塘堰、排涝泵站进行修缮，视情况为“变化较大”或“变化较小”。

（5）承包园地的田间道路运输条件及其变化情况

农用地主要类型	田间道路运输条件（很差___①___：___②___：___③___：___④___：___⑤___很好）		田间道路运输条件变化情况
	____年	2017年	
园地			

注：新修了田间道路、农业机械能直接到园地，为“变化很大”；新修了田间道路、但农业机械不能直接到达园地、离自家园地还有一定距离，为“变化较大”；对原有田间道路进行维修，视情况为“变化很小”或“变化较小”。

二、人力资本

（一）农户家庭基本特征

1. 目前您家的基本情况：总人口______人，劳动力______人，纯农业劳动力______人。

（农户家庭人口以户口本为准）

与户主关系	性别	年龄	受教育程度	是否为村干部（1=是，0=否），并注明年份	健康状况
户主					

注：请在受访者信息前打“✓”；农户家庭人口家庭劳动力为家庭中年满16周岁低于70周岁非学生、非参军和非丧失劳动能力者。受教育程度：①文盲　②小学　③初中　④高中或中专　⑤大专及以上；健康状况：①很差　②较差　③一般　④较好　⑤很好。

2. 您目前从事的工作：______

①纯农业　②以农业为主，非农业为辅　③非农业为主，农业为辅　④纯非农业　⑤无劳动能力或退休

（二）农户的技能水平变化情况

农户整体技能水平及其变化情况：

农户整体技能水平（低__①__：__②__：__③__：__④__：__⑤__高）		技能水平变化情况
____年	2017年	

三、物质资本

（一）住房变化情况

1. ______年至 2017 年您家住房情况是否变化？______（是/否）；

若是，则变化为______（请在具体的选项下面打“√”，若选其他，请在横线处补充）。

①原有房屋外立面靓化　②房屋修护（主要指改水、改厕、改厨）③异地新建　④其他______

2. 您家的住房整体情况：

	____年	2017 年	说　明
住房整体状况			①　很差　②较差　③一般　④较好　⑤很好

注：住房整体状况根据住房类型（毛坯房、砖木房、砖混结构等）、新旧程度综合判断。

（二）其他生活性基础设施变化情况

村庄内部及周边设施	____年	2017 年	说　明
沟渠、塘堰设施			①很差　②较差　③一般　④较好　⑤很好
绿地、景观设施			
文体设施			
环卫设施			
道路			

（三）生产性物资设备

您家有以下哪些农业机械：______年有______，资产价值为______元；2017 年有______，资产价值为______元。（可多选；请在具体的选项下面打“√”，若选其他，请在横线处补充）

①三轮车　②拖拉机　③打米机　④抽水机（水泵）　⑤插秧机　⑥耕田机　⑦收割机　⑧其他______

（四）生活性物资设备

您家有以下哪些耐用消费品：______年有______，资产价值为______元；2017年有______，资产价值为______元。（可多选；请在具体的选项下面打“✓”，若选其他，请在横线处补充）

①电脑　②空调　③电冰箱　④洗衣机　⑤电视机　⑥热水器　⑦小型货车/面包车　⑧汽车　⑨摩托车　⑩手机　⑪组合家具　⑫其他______

四、金融资本

金融资本	____年	2017年	说　　明
家庭存款			①<1万元　②1万~5万元　③5万~10万元　④10万~15万元　⑤15万~20万元　⑥20万元以上
从正规或非正规渠道贷款的方便度			①很难　②较难　③一般　④比较方便　⑤方便
能借贷到的资金额度	—	—	单位：元

注：正规贷款渠道主要包括银行、农村信用合作社等；非正规渠道指民间借贷（如亲友）等。

五、社会资本

1. 您（或您的家人）参与社区组织的情况：

	____年	2017年	说　　明
是否为社区组织正式成员			1=是，0=否

续表

	____年	2017年	说　明
加入社区组织的种类			①耕地保护协会或农民用水者协会 ②各类农产品种植专业合作社（如水稻、蔬菜、瓜果等） ③农机服务或农业技术推广专业合作社 ④农村公共事务理事会 ⑤农地整治项目工程质量监督机构 ⑥其他______________ （可多选；请按照重要性排序）
在社区组织中的地位及作用			①正副领导成员　②其他领导组成员 ③核心成员　④一般成员　⑤名义成员

2. 农户与左邻右舍之间的土地权属、农业生产关系：

	（很多__①__：__②__：__③__：__④__：__⑤__很少）		变化情况
	____年	2017年	
与左邻右舍之间的土地权属、农业生产的矛盾			

注：变化情况：①无变化　②变化小　③变化较小　④变化较大　⑤变化大。

第二节　生计策略/生计活动调查

一、承包地经营情况

（一）承包地流转情况

		流转情况	流转租金（元/亩/年）	流转对象
旱地	____年			
	2017年			
水田	____年			
	2017年			
园地	____年			
	2017年			

注：流转情况为①未流转　②转入　③转出；流转租金是指转入/转出承包地的代价，通常为现金，若采用农作物（如稻谷）代替的，请采用农作物市值代替；若农户未流转，则填写本地普遍流转价格。流转对象包括：①其他农户　②村集体　③农民合作社　④农业产业化龙头企业。

（二）实际耕种情况

	旱地		水田		园地	
	____年	2017年	____年	2017年	____年	2017年
承包地面积						
抛荒面积						
转变成其他用途						
转入面积						
转出面积						
实际耕种面积						

注：面积单位为标准亩；部分地区采用“大亩”（1亩=1000m^2）、“小亩”等来衡量，需要换算为标准亩填写；转变成其他用途主要包括林地、建房等；实际耕种面积=承包地面积-抛荒地面积-转变成其他用途+（转入面积-转出面积）。

二、农业投入产出情况

若您家的承包地实际耕种面积为0，请跳过此题，回答第3题，否则请填写下表：

（一）旱地作物种植情况

旱地作物种类 （重要性排序）		种植面积	主产品 总产量（斤）	主产品 出售量（斤）	价格 （元/斤）	总产值 （元）
作物1 ______	____年					
	2017年					
作物2 ______	____年					
	2017年					
作物3 ______	____年					
	2017年					

注：种植面积是指在一定范围内已经种植农作物的土地面积，单位为标准亩，例如：若1亩水田一年种植两季，则种植面积为2亩。

（二）水田作物种植情况

水田作物种类 （重要性排序）		种植面积	主产品 总产量（斤）	主产品 出售量（斤）	价格 （元/斤）	总产值 （元）
作物1 ______	____年					
	2017年					
作物2 ______	____年					
	2017年					
作物3 ______	____年					
	2017年					

（三）园地作物种植情况

园地作物种类（重要性排序）		种植面积	主产品总产量（斤）	主产品出售量（斤）	价格（元/斤）	总产值（元）
作物 1 ______	____年					
	2017 年					
作物 2 ______	____年					
	2017 年					
作物 3 ______	____年					
	2017 年					

（四）农作物生产投入情况

1. 劳动投入

（1）旱地劳动力投入情况

旱地	作物 1 ______		作物 2 ______		作物 3 ______		雇佣工资
	A	B	A	B	A	B	
____年							
2017 年							

注：A 栏填写自家劳动力务农天数，B 栏填写雇佣劳动力务农天数；用标准工作日表示，标准工作日（简称日）是指一个中等劳动力在正常情况下劳动 8 小时，务农天数为每个劳动力的务农天数之和。

（2）水田劳动力投入情况

水田	作物 1 ______		作物 2 ______		作物 3 ______		雇佣工资
	A	B	A	B	A	B	
____年							
2017 年							

（3）园地劳动力投入情况

园地	作物1 ______		作物2 ______		作物3 ______		雇佣工资
	A	B	A	B	A	B	
____年							
2017年							

2. 流动资本投入

	种子苗木费用	化肥费用	农家肥（斤）	农药费用	农膜费用	水电灌溉费用
____年						
2017年						

3. 固定资本投入

（1）自有农机折旧情况（元）

农机种类	拖拉机	插秧机	耕田机	收割机	抽水机
购买时间（年月）					
购买价格（元）					
使用寿命（年）					
现值（元）					

（2）农机租赁情况（元）

	拖拉机	插秧机	耕田机	收割机	抽水机
____年					
2017年					

（五）畜牧养殖业投入产出情况

养殖种类（重要性排序）		养殖总量	主产品出售量（斤）	价格（元/斤）	养殖成本
	____年				
	2017年				
	____年				
	2017年				
	____年				
	2017年				

注：仅列举最主要的家畜、家禽、水产种类。畜牧养殖成本是指养殖过程中的各项费用，以小龙虾为例，主要包括虾种选购费、饲料费、水体消毒和水草种植费、养殖工具（拦网、地笼等）、运输费等。

三、家庭劳动力就业情况

（一）您家目前从事的工作：______

①纯农业　②以农业为主，非农业为辅　③非农业为主，农业为辅　④纯非农业

（二）您家是否与农业合作社、农业企业、农业旅游企业等进行合作？______（是/否）；

（1）若回答“否”，请跳过本节。

（2）若回答“是”，请填写下表；

	____年	2017年	说　明
您家与农业大户、农业合作社或农业企业的合作方式			①承包地由农业合作社或农业企业统一经营 ②承包地由农业合作社或农业企业统一经营，农户作为农业产业工人加入其中 ③承包地由农业合作社或农业企业统一经营，农户加入其中从事非农生产活动 ④农民合作社或农业企业提供技术支持、统购包销，农户开展“订单式”农业生产 ⑤农户加入农业旅游企业或合作社从事商业经营活动 ⑥农户在农业旅游企业或合作社带领下独立从事经商服务活动，如“农家乐”“民宿”

（三）劳动力就业情况统计：

劳动力就业情况		务农		打工				经商			
		工作对象	劳动时间	地区	工作对象	劳动时间	工资性收入	地区	工作对象	劳动时间	经营性收入
户主	____年										
	2017年										
成员 2	____年										
	2017年										
成员 3	____年										
	2017年										
成员 4	____年										
	2017年										
成员 5	____年										
	2017年										

续表

劳动力就业情况		务农		打工				经商		
		工作对象	劳动时间	地区	工作对象	劳动时间	工资性收入	地区	工作对象	劳动时间	经营性收入
成员 6	____年										
	2017 年										

注：收入都是指纯收入；经营性收入为扣除各项成本的纯收入。地区是指劳动区域，包括①本村 ②附近乡镇 ③外地城镇；工作对象：①农户自家　②农业企业　③农业合作社　④农业旅游企业 ⑤其他雇主；劳动时间是指一年中的劳动天数，用标准工作日衡量。务农即从事农业劳动，主要指种植业、畜牧业、林业、渔业等；务工是指受雇于人，从事体力劳动的工作。

第三节　生计结果调查

一、家庭财产性收入与转移性收入情况

		____年	2017 年
财产性收入	土地租金收入		
	房屋出租收入		
	农机出租收入		
	其他财产性收入		
转移性收入	农业补贴		
	离退休金		
	养老金		
	子女赡养收入		
	其他转移性收入		

注：单位为“元”。农业补贴主要包括良种补贴、种粮直接补贴、农资综合补贴、农机购置补贴等。其他收入主要包括财产性收入（如存款利息等）、其他转移性收入（如赠送收入、低保等）。

二、农户福祉

农户福祉认知	____年	2017年	变化情况
您对您家的生产活动是否满意？			
您对您家的生活空间是否满意？			
您对本村的生态环境是否满意？			
您对您家生产、生活、生态空间改善的整体满意度？			

注：满意度：①非常不满意 ②比较不满意 ③一般 ④比较满意 ⑤非常满意。对生产活动的满意度，可以通过对生产时间、劳动强度、生产成本与收益等综合判断；对生活空间的满意度，可以通过对文体设施、休闲娱乐、人际关系和居住条件等综合判断；对生态环境的满意度，可以通过对居民点内部与外部的环境卫生、景观状况等综合判断。变化情况：①无变化 ②变化小 ③变化较小 ④变化较大 ⑤变化大。

第四节 耕地生态价值变化概况

一、农户对耕地生态服务功能的认知程度调查

（一）您平时对土地资源相关的生态问题是否关注（电视、互联网、报纸等途径）？

①从不关心 ②不是很关注 ③一般 ④比较关注 ⑤非常关注

（二）您认为耕地除了能给农民带来经济收入之外，还具有保护生态环境的功能吗？

①有 ②没有 ③说不清楚

（三）您认为耕地以下部分效益或功能重要吗？

耕地生态服务功能	非常重要	比较重要	一般	不重要	不清楚
调节大气、清新空气					
调节气候（如夏季农村的气温比城里低）					

续表

耕地生态服务功能	非常重要	比较重要	一般	不重要	不清楚
调节洪水、蓄水					
防止水土流失、保土					
净化水源、降低污染					
作为昆虫、水鸟等野生动物的栖息地，维护生物多样性					
作为一种景观，供人观光、游憩					

（四）您认为目前本地农田的生态功能是否在减少或降低？______（①是 ②否）

（五）若回答是，您认为导致农田生态功能降低的原因是什么：

①城市不断扩张、城市建设用地占用耕地，破坏当地生态环境

②农用地整治，原有的土沟、土渠、生产路硬化，破坏当地生态环境

③农民种田收入低，农地长期撂荒，导致农田生态功能下降

④化肥、农药过度使用，造成环境污染

⑤洪涝、干旱等自然灾害导致农田生态功能下降

（六）您觉得有必要采取相关措施来防止耕地生态功能降低吗？

①有必要 ②没有必要 ③不清楚

（七）您认为农田生态保护主要是谁的责任？

①政府 ②市民 ③农民 ④谁破坏谁负责 ⑤全体人民

二、农户对耕地生态服务价值的支付意愿调查

背景介绍：耕地除了能够生产农产品外，还具有净化大气、调节气候、美化环境、提供观光旅游等许多的生态功能。如今，随着农业科技的发展，以及耕地基础设施条件的不断完善等，我国粮食产量不断提高。但与此同时，由于城市扩张、化肥和农药过度使用以及洪涝、干旱等自然灾害时有发生，导致耕地的这些生态功能不断降低，相应地影响到人们的生活环境。假设现在成立一个耕地保护协会，通过种植农田防护林、土壤污

染修复、净化灌溉水源等方式降低当地环境污染，保护耕地的生态功能，维持和提高我们目前的生活质量。

（一）您的家庭愿意为保护自家农田生态功能而捐钱、捐物或参加义务劳动吗？

①愿意 ②不愿意

1. 如果选“不愿意”，请问您的原因是什么。

①农地保护不重要 ②农地保护是政府的事情，与我无关 ③没有多余的钱和时间来参与 ④没有多大作用 ⑤其他原因：

2. 如果选“愿意”，请问您愿意以下面哪种形式参加农地保护？

①出钱 ②参加义务劳动

（二）选择“出钱”方式的，您的家庭每年愿意为保护每亩地支付多少钱：

A. 1~5元 B. 6~10元 C. 11~15元 D. 16~20元 E. 21~25元 F. 26~30元 G. 31~35元 H. 36~40元 I. 41~45元 J. 46~50元 K. 51~60元 L. 61~70元 M. 71~80元 N. 81~90元 O. 91~100元 P. 101~200元 Q. 201~300元 R. 301~400元 S. 其他______

（三）选择“参加义务劳动”方式，您的家庭每年最多愿意义务劳动多少天：

A. 1天 B. 2天 C. 3天 D. 4天 E. 5天 F. 6天 G. 7天 H. 8天 I. 9天 J. 10天 K. 11天 L. 12天 M. 其他______

三、农户对耕地生态服务价值的受偿意愿调查

背景介绍：农田保护的好处如提供优美的田园风光和清新的空气等在上述问题中我们已经有所接触。假如，目前政府为了促进农民保护农田的积极性，发放一定的补贴作为回报保护农田对生态环境保护带来的好处。假设政府一次性补贴到位，根据您家承包地的面积、承包地生态环境质量来确定补偿的具体额度。您觉得根据您家承包地的生态环境质量水平，您家每年每亩耕地应该得到多少补贴：

A. 1~5元 B. 6~10元 C. 11~15元 D. 16~20元 E. 21~25元

F. 26~30元　G. 31~35元　H. 36~40元　I. 41~45元　J. 46~50元

K. 51~60元　L. 61~70元　M. 71~80元　N. 81~90元　O. 91~100元　P. 101~200元　Q. 201~300元　R. 301~400元　S. 其他______

附录 2：

调查问卷二

（调查区域与数据来源二）

问卷编号：______

耕地细碎化治理模式研究调查问卷

调查对象：______县（区、市）______乡（镇）______村______组

第一节　户主及家庭基本情况

一、农户基本特征

（一）目前家庭基本情况：总人口______人，劳动力______人，纯农业劳动力______人。

家庭劳动力：（家庭劳动力为家庭中年满 16 周岁低于 70 周岁非学生、非参军和非丧失劳动能力者。）

与户主关系	性别	年龄	受教育程度（①文盲 ②小学 ③初中 ④高中或中专 ⑤大专及以上）	是否为村干部（1=是，0=否），并注明年份	是否为中共党员（1=是，0=否），并注明年份	是否接受过农业技术培训（1=是，0=否），并注明年份	纯务农（1=是，0=否）
户主							

（二）您目前从事的工作：______

①纯农业 ②以农业为主，非农业为辅 ③非农业为主，农业为辅 ④纯非农业 ⑤无劳动能力或退休

（三）家庭劳动力务工情况

家庭劳动力务工情况	2015年	2014年	2013年	2012年
务工6个月及以上人数				
务工6个月以下人数				

（四）家庭收入情况（元）

年份	总收入	种植业收入	其他农业收入	务工收入	财产性收入、补贴
2015年					
2014年					
2013年					
2012年					

注：收入都是指纯收入。农业收入包括种植业收入、林业收入、畜牧业收入和渔业收入。

二、承包地基本情况

（一）您家承包地（农地整理、流转、建设占用之前）情况：

1. 水田情况：______亩______块；旱地情况：______亩______块。

水田地块的空间分布及相互间总距离：______米，最远距离______米，最短距离______米。

旱地地块的空间分布及相互间总距离：______米，最远距离______米，最短距离______米。

2. 水田地块距离您家住址的距离：最远距离______米，最短距离

______米。

旱地地块距离您家住址的距离：最远距离______米，最短距离______米。

3. 水田地块距离机耕路的距离：最远距离______米，最短距离______米。

旱地地块距离机耕路的距离：最远距离______米，最短距离______米。

4. 水田地块与相邻地块的高差：一般______米；旱地地块与相邻地块的高差：一般______米。

5. 耕地质量情况（请在相应的位置打“✓”）

耕地类型	①质量很低	②质量较低	③质量一般	④质量较高	⑤质量很高	旱涝保收面积
水田						
旱地						

6. 您家承包地实际耕种与抛荒情况

年份	承包地				抛荒			
	水田		旱地		水田		旱地	
	面积	块数	面积	块数	面积	块数	面积	块数
2015年								
2014年								
2013年								
2012年								

（二）您家承包地第二轮土地承包开始的时间是______年。

（三）您家承包地当时是如何获得的______。

①按人口平均分配　②按劳动力比例　③按人、劳力分配　④说不清

（四）您家是否有土地承包合同（否 = 0，有 = 1）______如果有，土地承包合同颁发的时间______年。

（五）第二轮土地承包期间，您家承包地是否进行了行政性调整（否 = 0，是 = 1）______；

如果有过调整，调整了几次______，最近一次调整的时间是______年。

（六）您对未来土地调整的预期______①5 年内还会调整　②不会再调整　③不清楚

（七）您认为自家承包地的所有权属于______，承包经营权属于______。

①国家　②集体　③自己　④说不清

（八）您所在的村，集体土地确权登记发证工作的进展情况______。

①已经完成　②正在进行　③即将开展　④说不清

（九）您认为土地承包经营权证书对您行使土地权利的保护情况______。

①能够很好保护土地权利　②保护土地权利作用不明显　③说不清

（十）您目前水田主要种植的农作物包括______（按重要性排序，选 3 项）；旱地主要种植的农作物包括______（按重要性排序，选 3 项）（若选其他，请在具体的农作物下面打“✓”或在横线处补充）。

①水稻　②小麦　③玉米　④马铃薯　⑤棉花　⑥油菜　⑦花生　⑧红薯　⑨蔬菜　⑩其他

（芝麻、药材、苗圃、莲藕、______）

（十一）耕地细碎化指标对农业生产的影响程度（在相应位置打“✓”）

指标	①影响非常小	②影响较小	③一般	④影响较大	⑤影响非常大
地块平均面积					
地块数量					

续表

指标	①影响非常小	②影响较小	③一般	④影响较大	⑤影响非常大
地块间的距离					
地块距离您家住址的距离					
地块距离机耕路的距离					
地块与相邻地块的高差					

第二节　耕地细碎化治理的农地整理模式

一、您所在的村庄是否实施了农地整理项目：______①是　②否

若回答“是”，请继续回答下面4个题；若回答“否”，请跳过下面4个题。

（一）您所在村庄的农地整理项目的开工时间：______，竣工时间：______

（二）您所在村庄的农地整理项目主要实施了哪些工程：______

①土地平整工程　②田间道路工程　③农田水利工程　④农田防护工程　⑤村庄整治工程

（三）您对农地整理项目整体的满意程度：

非常不满意___①___：___②___：___③___：___④___：___⑤___非常满意

（四）您家承包地是否进行了土地平整：______①是　②否

若“是”，您家耕地平整的情况：水田：______亩______块；旱地：______亩______块。

若回答“是”，请继续回答下面10个小题；若回答“否”，请跳过下面10个小题。

如果您家承包地涉及了土地平整，请回答平整后您家承包地情况：

1. 土地平整后您家承包地情况：水田：______亩______块；旱地：______亩______块。

水田地块的空间分布及相互间总距离：______米，最远距离______米，最短距离______米。

旱地地块的空间分布及相互间总距离：______米，最远距离______米，最短距离______米。

2. 水田地块距离您家住址的距离：最远距离______米，最短距离______米。

旱地地块距离您家住址的距离：最远距离______米，最短距离______米。

3. 水田地块距离机耕路的距离：最远距离______米，最短距离______米。

旱地地块距离机耕路的距离：最远距离______米，最短距离______米。

4. 水田地块与相邻地块的高差：一般______米；旱地地块与相邻地块的高差：一般______米。

5. 平整后的耕地质量情况（请在相应的位置打"✓"）

耕地类型	①质量很低	②质量较低	③质量一般	④质量较高	⑤质量很高	旱涝保收面积
水田						
旱地						

6. 您所在村庄的土地平整工程当时进行了下列哪些内容（多选题）：______

①田块合并，小块并大块　②田面整平　③田块形状规整　④修筑田埂　⑤权属调整　⑥其他

7. 土地平整工程进行之前是否询问您的意见，经过您的同意：______①是　②否

8. 进行土地平整时，您是否与施工方发生矛盾：______①是　②否

9. 进行土地平整时，您是否因权属调整问题与其他农户或村委会产生矛盾：______①是　②否

10. 您对土地平整工程质量的满意程度：

非常不满意___①___：___②___：___③___：___④___：___⑤___非常满意

【必答】二、您认为农地整理五大工程的重要性，按从大到小排序：______

①土地平整工程　②田间道路工程　③农田水利工程　④农田防护工程　⑤村庄整治工程

【必答】三、（一）您认为所在村庄地形起伏情况：非常平坦___①___：___②___：___③___：___④___：___⑤___起伏非常大

（二）您认为您家承包地是否需要土地平整：______①是　②否

（三）您是否愿意进行土地平整：______①是　②否

（四）如果进行平整，平整后您是否愿意调整承包地的权属：______①是　②否

（五）您认为土地平整工程应该包括下列哪些内容（多选题）：______

①田块合并，小块并大块　②田面整平　③田块形状规整　④修筑田埂　⑤权属调整　⑥其他

（六）如果当地要进行土地平整，您更愿意选择哪种农地整理的模式：______

①政府主导的模式　②农民自发的模式　③企业主导的模式　④其他

（七）如果土地平整资金需要农户承担一部分，您是否愿意出资：______①是　②否

（八）您对今后农业机械化生产的态度：

一点不看好___①___：___②___：___③___：___④___：___⑤___非常看好

（九）您认为自己对农业机械化的迫切程度：

一点不迫切___①___：___②___：___③___：___④___：___⑤___非常迫切

（十）您认为土地平整对农业机械化的影响程度：

没有影响___①___：___②___：___③___：___④___：___⑤___影响非常大

（十一）您对今后农业规模化生产的态度：

一点不看好__①__：__②__：__③__：__④__：__⑤__非常看好

（十二）您认为自己对农业规模化的迫切程度：

一点不迫切__①__：__②__：__③__：__④__：__⑤__非常迫切

（十三）您认为土地平整对农业规模化的影响程度：

没有影响__①__：__②__：__③__：__④__：__⑤__影响非常大

（十四）您对农地流转目的、意义的认知、了解程度：

非常不了解__①__：__②__：__③__：__④__：__⑤__非常了解

（十五）您对转出自家承包地的意愿：

非常不愿意__①__：__②__：__③__：__④__：__⑤__非常愿意

（十六）您对转入别人承包地的意愿：

非常不愿意__①__：__②__：__③__：__④__：__⑤__非常愿意

（十七）您认为土地平整对农地流转的影响程度：

没有影响__①__：__②__：__③__：__④__：__⑤__影响非常大

（十八）您对土地平整结果的担心程度（在相应位置打“✓”）

指标（从①到⑤表示从“一点不担心”到“非常担心”程度的递增）	①	②	③	④	⑤
1）未进行表土剥离而直接推平，导致耕地质量下降甚至无法耕种					
2）因土地平整自家青苗遭受损失，而得不到合理补偿					
3）担心土地权属调整后，对自己不利					
4）担心因权属调整后，会产生更多的社会矛盾					

（十九）您对相关利益主体的信赖程度：

指标（从①到⑤表示从“一点不信赖”到“非常信赖”程度的递增）	①	②	③	④	⑤
1）您对平整工程工程施工者的信赖程度					
2）您对乡镇政府及国土管理部门的信赖程度					
3）您对村干部的信赖程度					

（二十）您对国家农业政策（投资政策、补贴政策、价格政策等）的预期：

非常不看好＿①＿：＿②＿：＿③＿：＿④＿：＿⑤＿非常看好

（二十一）您对今后农产品市场价格的看法：

降低很多＿①＿：＿②＿：＿③＿：＿④＿：＿⑤＿上升很多

（二十二）您对今后化肥农药农膜等生产资料价格的看法：

降低很多＿①＿：＿②＿：＿③＿：＿④＿：＿⑤＿上升很多

（二十三）您对今后农业劳力成本的看法：

降低很多＿①＿：＿②＿：＿③＿：＿④＿：＿⑤＿上升很多

■如果您是村干部，请继续回答：

（二十四）目前农地整治项目五大工程投资比例大概是：土地平整5%～10%、田间道路25%～45%、农田水利40%～60%、农田防护2%以内、村庄整治1%～10%。您认为这样的比例是否合适：＿＿＿

①是　②否

1. 若回答“否”，那您认为土地平整、田间道路、农田水利、农田防护、村庄整治，每个工程的投资占项目总投资的比例应为＿＿＿、＿＿＿、＿＿＿、＿＿＿、＿＿＿；

（二十五）目前土地平整投资标准是梯田平整800～1200元/亩，格田平整500～800元/亩。您认为的投资标准是否应提高：＿＿＿　①是　②否

1. 如果您认为应提高，投资标准应提高到＿＿＿元/亩，其原因是（多选题）：＿＿＿

①经济发展了，国家财力增大了，应加大对农业的投入；

②以后农业劳力越来越少，农户越来越希望农业机械化，以节省劳力成本；

③当地田块细小且分散，不便农业机械耕作；

④今后在农村务农的少数农户，更加希望农业规模化，以获得好的收益；

⑤当地田块细小且分散，不便农业规模化生产；

⑥目前，政府强调现代农业，要求扩大土地平整的面积，增加土地平整投资；

⑦其他。

2. 如果您认为不应提高，其原因是（多选题）：______

①农地整理资金有限；

②受当地地形条件限制，平整难度太大；

③目前的平整度很好、田块集中，无需再进行平整；

④土地平整涉及权属调整，而权属调整很复杂、麻烦；

⑤农业比较利益低，平整后，耕地仍然会抛荒；

⑥当地多数农民自身不愿意，实施阻力大；

⑦其他。

第三节　耕地细碎化治理的农地流转模式

一、地方政府是否有鼓励种田大户进行土地整治的政策：______①是　②否　③不清楚

二、地方政府是否有鼓励农民耕地流转的政策：______　①是　②否　③不清楚

三、您所在村庄有下列哪些流转模式（可多选）：______

①农户自发流转　②基层组织引领模式　③龙头企业引领模式　④农民合作社引领模式

四、您认为当地土地流转市场发育情况：

非常低___①___：___②___：___③___：___④___：___⑤___非常成熟

五、您家承包地流转情况：______①转入　②转出　③没有参与流转

年份	转入（租种他人承包地）				转出（租给他人耕种）			
	水田		旱地		水田		旱地	
	面积	块数	面积	块数	面积	块数	面积	块数
2015年								
2014年								
2013年								
2012年								

■若您家转入他人的承包地，请回答下面六—十六题；

■若您家转出了承包地，请回答下面十七—二十四题。

六、您家转入别人耕地后的情况：

（一）转入后您家耕地情况：水田：______亩______块；旱地：______亩______块。

水田地块的空间分布及相互间总距离：______米，最远距离______米，最短距离______米。

旱地地块的空间分布及相互间总距离：______米，最远距离______米，最短距离______米。

（二）水田地块距离您家住址的距离：最远距离______米，最短距离______米。

旱地地块距离您家住址的距离：最远距离______米，最短距离______米。

（三）水田地块距离机耕路的距离：最远距离______米，最短距离______米。

旱地地块距离机耕路的距离：最远距离______米，最短距离______米。

（四）水田地块与相邻地块的高差：一般______米；旱地地块与相邻地块的高差：一般______米。

（五）转入的耕地质量情况（请在相应的位置打“√”）

耕地类型	①质量很低	②质量较低	③质量一般	④质量较高	⑤质量很高	旱涝保收面积
水田						
旱地						

七、您从哪里转入耕地：______

①本小组农户　②本村其他小组农户　③外村农户　④本村集体　⑤外村集体

八、您转入耕地的信息来自哪里：______

①村干部　②我主动上门，请农户将土地流转给我　③本村农民充当中介　④转出户要我租种他的地　⑤当地政府建立的土地流转信息平台　⑥其他

九、您所转入耕地的地块是否与您家承包地地块相邻：______①是　②否

十、您转入他人耕地的期限是______年。

十一、您转入（租种）他人耕地的代价：

（一）稻谷或其他农作物产量：______（斤/亩）；　（2）现金：______（元/亩）

（二）两者结合，其中现金为______（元/亩），稻谷等______（斤/亩）；　（4）其他________

■若收取的是现金，请回答下面2个小题：

1. 现金的支付方式是：______①一年一付　②在转入年限内一次性付清　其他

2. 现金的调整情况：______　a. 没有调整　b. 每______年调整一次

十二、您确定租金（代价）的方式是（可多选）：______

①依据本地情况确定　②农户之间协商确定　③与村委会协商确定　④其他

十三、您租种（转入）他人的耕地，是否签订流转合同：______

①没有合同　②书面合同　③口头协议　④其他

■如果是书面合同，合同的签订方式是：______①农户与农户签订　②村委会与农户签订　③其他

十四、您是否对租种（转入）的耕地进行改良了：______①是　②否

■若对租种的耕地进行了改良，具体有哪些改良活动（可多选）：______

①土地归并平整　②灌排设施修建或修复　③田间道路修筑或修复　④其他

十五、【必答】您是否愿意对租种（转入）的耕地进行改良：______①是　②否

十六、【必答】影响您对转入耕地进行投资改良的因素

（一）您对转入耕地进行投资改良权力的态度：

一点不看重__①__：__②__：__③__：__④__：__⑤__非常看重

（二）您认为受转入期限长短的影响：

一点不影响__①__：__②__：__③__：__④__：__⑤__非常影响

（三）您认为受转入耕地本身的面积、质量等特征的影响：

一点不影响__①__：__②__：__③__：__④__：__⑤__非常影响

（四）您认为受转入耕地与自家地块的距离的影响：

一点不影响__①__：__②__：__③__：__④__：__⑤__非常影响

（五）您认为受耕地投资改良成本的影响：

一点不影响__①__：__②__：__③__：__④__：__⑤__非常影响

（六）您认为受当地政府有关耕地整治、流转政策的影响：

一点不影响__①__：__②__：__③__：__④__：__⑤__非常影响

（七）您认为受农地确权登记政策的影响程度：

一点不影响__①__：__②__：__③__：__④__：__⑤__非常影响

（八）您认为受转出方改良意愿的影响：

一点不影响___①___：___②___：___③___：___④___：___⑤___非常影响

（九）您对农业机械化、规模经营的态度：

一点不愿意___①___：___②___：___③___：___④___：___⑤___非常愿意

十七、转出后您家耕地情况：水田______亩______块；旱地______亩______块。

十八、您转出耕地的对象是：______

①本小组农户 ②本村其他小组农户 ③外村农户 ④村集体 ⑤农民合作社 ⑥农业产业化龙头企业

十九、您转出耕地的期限______年。

二十、您转出自家耕地的报酬：

（1）稻谷或其他农作物产量______（斤/亩） （2）现金：______（元/亩） （3）两者结合，其中现金为______（元/亩），稻谷等______（斤/亩） （4）其他______

■若是收取的是现金，请回答下面 2 个小题：

1）现金的支付方式是：______①一年一付 ②在转出年限内一次性付清 ③其他

2）现金的调整情况：______ a. 没有调整 b. 每______年调整一次

二十一、您确定租金（报酬）的方式是（可多选）：______

①依据本地情况确定 ②与转入方协商 ③农户与村委会协商 ④村委会与合作社商定 ⑤村委会与产业化企业商定⑥其他

二十二、您转出耕地，是否签订流转合同：______①没有合同 ②书面合同 ③口头协议 ④其他

■如果是书面合同，合同的签订方式是：______

①农户与农户签订 ②村委会与农户签订 ③企业直接和农户签订 ④农民合作社与农户签订 ⑤村委会与企业签订 ⑥村委会与合作社签订

【必答】二十三、您是否允许转入方在您转给他的耕地上，进行投资改良：______①是 ②否

■如果允许改良，可以进行哪些投资改良活动（可多选）：______

①土地归并平整　②灌排设施修建或修复　③田间道路修筑或修复　④其他

【必答】二十四、您是否允许转入方在您转给他的耕地上进行投资改良的影响因素

（一）您对自家承包地进行投资改良权力的态度：

一点不看重__①__：__②__：__③__：__④__：__⑤__非常看重

（二）您认为受转出期限长短的影响：

一点不影响__①__：__②__：__③__：__④__：__⑤__非常影响

（三）您认为受转出耕地本身的面积、质量等特征的影响：

一点不影响__①__：__②__：__③__：__④__：__⑤__非常影响

（四）您对转入方进行耕地投资改良结果的担心：

一点不担心__①__：__②__：__③__：__④__：__⑤__非常担心

（五）您对转出期限到期，耕地收回需要重新修筑田坎等成本的支付态度：

一点不愿意__①__：__②__：__③__：__④__：__⑤__非常愿意

（六）您认为受当地政府有关耕地整治、流转政策的影响程度：

一点不影响__①__：__②__：__③__：__④__：__⑤__非常影响

（七）您认为受农地确权登记政策的影响程度：

一点不影响__①__：__②__：__③__：__④__：__⑤__非常影响

（八）您认为受本人在城镇就业、生活的稳定程度的影响：

一点不影响__①__：__②__：__③__：__④__：__⑤__非常影响

【必答】二十五、农户是否愿意将耕地出租给合作社或农业企业及其影响因素

（一）若您要将自家耕地出租（让），您是否愿意出租给合作社或农业企业：______①是　②否

（二）您认为您的出租决策受合作社或农业企业所支付的租金的影响：

一点不影响__①__：__②__：__③__：__④__：__⑤__非常影响

（三）您认为您的出租决策受合作社或农业企业租金支付方式（固定/浮动；按月支付/按年支付）的影响：

一点不影响__①__：__②__：__③__：__④__：__⑤__非常影响

（四）您认为您的出租决策受合作社或农业企业租赁期限长短的影响：

一点不影响__①__：__②__：__③__：__④__：__⑤__非常影响

（五）您认为您的出租决策受合作社或农业企业的经济实力及信誉度的影响：

一点不影响__①__：__②__：__③__：__④__：__⑤__非常影响

（六）您认为您的出租决策受合作社或农业企业所能提供劳动就业岗位的影响：

一点不影响__①__：__②__：__③__：__④__：__⑤__非常影响

（七）您认为您的出租决策受合作社或农业企业对耕地进行整治情况的影响：

一点不影响__①__：__②__：__③__：__④__：__⑤__非常影响

（八）您认为您的出租决策受当地政府对合作社或农业企业流转耕地政策的影响：

一点不影响__①__：__②__：__③__：__④__：__⑤__非常影响

（九）您认为您的出租决策受当地土地流转市场发育情况的影响：

一点不影响__①__：__②__：__③__：__④__：__⑤__非常影响

（十）您认为您的出租决策受农地确权登记发证政策的影响：

一点不影响__①__：__②__：__③__：__④__：__⑤__非常影响

（十一）您认为您的出租决策受村委会态度的影响：

一点不影响__①__：__②__：__③__：__④__：__⑤__非常影响

（十二）您认为您的出租决策受本村其他村民态度的影响：

一点不影响__①__：__②__：__③__：__④__：__⑤__非常影响

（十三）您认为您的出租决策受自家耕地面积、质量等特征的影响：

一点不影响__①__：__②__：__③__：__④__：__⑤__非常影响

（十四）您认为您的出租决策受本人在城镇就业、生活的稳定程度的影响：

一点不影响__①__：__②__：__③__：__④__：__⑤__非常影响

（十五）您对现代农业（农业机械化、规模经营等）发展的看法和预期：

预期不好__①__：__②__：__③__：__④__：__⑤__预期很好

第四节　耕地细碎化治理的预防模式

一、因国家建设占用耕地的情况

（一）您家耕地有没有因国家建设占用：______①有　②无

如果“有”，请回答（二）—（十）题；如果“无”，则跳过（二）—（十）题。

（二）您家耕地被占用了______亩。

（三）当时耕地被占的方式是：______①直接占用　②由于权属调整间接占用

（四）占用耕地属于哪类建设______（可多选），耕地______年被占用。

①铁路　②公路　③水利　④矿产　⑤企业工厂　⑥商品房　⑦其他______

（五）国家建设所占用您家耕地的质量情况：______①很好　②较好　③一般　④较差　⑤很差

（六）国家建设占用您家耕地所采取的补偿方式是______

①货币补偿　②实物补偿（另外补给相当的耕地）　③两者相结合　④其他______

■如果是货币补偿：请回答：

1. 当时的补偿标准是水田______（元/亩），旱地______（元/亩）。

2. 货币的支付方式是：______①一次性付清　②每年支付一定数额　③几年内付清　④其他______

3. 在货币补偿的基础上，还有其他的补偿方式：______（可多选）

①没有　②养老保险　③提供非农就业培训　④提供非农就业岗位　⑤其他______

■如果是实物补偿，当时补偿给您的面积是水田______（亩），旱地______（亩）。

■如果是两者相结合，当时的货币补偿标准是水田______（元/亩），旱地______（元/亩）；

实物补偿的面积是水田______（亩），旱地______（亩）。

（七）您对此项国家建设的态度：

一点不支持__①__：__②__：__③__：__④__：__⑤__非常支持

（八）国家建设占用后您家承包地的情况：

1. 承包地情况：水田______亩______块；旱地______亩______块。

水田地块的空间分布及相互间总距离：______米，最远距离______米，最短距离______米。

旱地地块的空间分布及相互间总距离：______米，最远距离______米，最短距离______米。

2. 水田地块距离您家住址的距离：最远距离______米，最短距离______米。

旱地地块距离您家住址的距离：最远距离______米，最短距离______米。

3. 水田地块距离机耕路的距离：最远距离______米，最短距离______米。

旱地地块距离机耕路的距离：最远距离______米，最短距离______米。

4. 水田地块与相邻地块的高差：一般______米；旱地地块与相邻地块的高差：一般______米。

（九）政府有没有采取一些措施（如采取高架、隧道、改线路等措施避让高等级的水田），使国家建设避免占用耕地：______　①有　②无

（十）如果政府采取高架、隧道、改线路等措施避让高等级的耕地，从而使国家建设避免占用耕地，您对此类措施态度是：一点不支持

___①___：___②___：___③___：___④___：___⑤___非常支持

二、因村集体建设占用耕地的情况

（一）您家耕地有没有因集体建设占用：______ ①有 ②无

■如果回答“有”，请回答下列问题（二）—（九）题。

（二）您家耕地被占用了______亩。

（三）当时被占耕地的方式是：______ ①直接占用 ②由于权属调整间接占用

（四）占用耕地属于哪类建设：______（可多选），是______年耕地被占的。

①道路 ②农田水利 ③文体活动场所 ④村办企业 ⑤农村社区 ⑥其他______

（五）集体建设所占用您家耕地的质量情况：______ ①很好 ②较好 ③一般 ④较差 ⑤很差

（六）您对此项集体建设的态度是：______

一点不必要___①___：___②___：___③___：___④___：___⑤___非常必要

（七）此项集体建设的资金来源于（可多选）：______

①村集体资金 ②村民集资（分担） ③自愿捐助 ④政府出资 ⑤其他______

■若是村民集资，出资标准是______（元/人）；您家总共出多少______元。

（八）集体建设占用后您家耕地的情况：

1. 承包地情况：水田______亩______块；旱地______亩______块。

水田地块的空间分布及相互间总距离：______米，最远距离______米，最短距离______米。

旱地地块的空间分布及相互间总距离：______米，最远距离______米，最短距离______米。

2. 水田地块距离您家住址的距离：最远距离______米，最短距离______米。

旱地地块距离您家住址的距离：最远距离______米，最短距离______米。

3. 水田地块距离机耕路的距离：最远距离______米，最短距离______米。

旱地地块距离机耕路的距离：最远距离______米，最短距离______米。

4. 水田地块与相邻地块的高差：一般______米；旱地地块与相邻地块的高差：一般______米。

（九）集体建设占用您家耕地所采取的补偿方式是______

①货币补偿 ②实物补偿（补给一块相当的耕地） ③两者相结合 ④无补偿 ⑤其他______

■如果是货币补偿：请回答：

1. 当时的补偿标准是水田______（元/亩），旱地______（元/亩）。

2. 货币的支付方式是：______①一次性付清 ②每年支付一定数额 ③几年内付清 ④其他______

3. 在货币补偿的基础上，还有其他的补偿方式：______（可多选）

①没有 ②养老保险 ③提供非农就业培训 ④提供非农就业岗位 ⑤其他______

■如果是实物补偿，当时补偿给您的面积是水田______（亩），旱地______（亩）。

■如果是两者相结合，当时的货币补偿标准是水田______（元/亩），旱地______（元/亩）；

实物补偿的面积是水田______（亩），旱地______（亩）。

【必答】三、货币补偿与实物补偿影响因素分析

（一）如果国家或集体建设占用您家承包地，您更愿意选择的补偿方式是：______①货币补偿 ②实物补偿

（二）您认为目前实行的货币补偿标准：

非常低 ① ： ② ： ③ ： ④ ： ⑤ 非常高

（三）您认为目前货币补偿程序的规范性和公开性：

非常低 ① ： ② ： ③ ： ④ ： ⑤ 非常高

（四）您认为地方政府、村委会挪用、贪污补偿款的情况：

没有 ① ： ② ： ③ ： ④ ： ⑤ 非常多

（五）您认为自己对补偿款进行投资理财的能力：

没有能力 ① ： ② ： ③ ： ④ ： ⑤ 能力很强

（六）您认为自己所具备的非农就业能力：

能力非常差 ① ： ② ： ③ ： ④ ： ⑤ 能力很强

（七）您对本地以后非农就业机会的预期：

没有机会 ① ： ② ： ③ ： ④ ： ⑤ 很多机会

（八）您对耕地的经济功能（种植收入）的看重程度：

一点不看重 ① ： ② ： ③ ： ④ ： ⑤ 非常看重

（九）您对耕地的保障功能（生活保障、养老保障等）的看重程度：

一点不看重 ① ： ② ： ③ ： ④ ： ⑤ 非常看重

（十）您对土地增值功能的看重程度：

一点不看重 ① ： ② ： ③ ： ④ ： ⑤ 非常看重

（十一）您的乡土情结程度：

没有 ① ： ② ： ③ ： ④ ： ⑤ 很深

（十二）您受国家或地方政府征地补偿政策的影响程度：

非常小 ① ： ② ： ③ ： ④ ： ⑤ 非常大

（十三）您受邻居、亲戚朋友等所接受补偿方式的影响：

非常小 ① ： ② ： ③ ： ④ ： ⑤ 非常大

（十四）您受实物补偿标准或内容（比如补偿耕地质量好的地块等）的影响：

非常小 ① ： ② ： ③ ： ④ ： ⑤ 非常大

（十五）您对所在村庄未来农业发展整体上的预期情况：

预期很差 ① ： ② ： ③ ： ④ ： ⑤ 预期很好

四、农户在承包耕地上建房的情况

（一）您是否在耕地上建新房：______ ①是 ②否

■如果回答“是”，请回答下列问题（二）—（十）；若回答“否”，请跳过。

（二）您建房所占耕地的来源：______ ①自己承包地 ②跟别人调换承包地位置后建房 ③其他

（三）您建新房所占耕地的质量怎样：______ ①很好 ②较好 ③一般 ④较差 ⑤很差

（四）您建新房占用耕地面积______平方米；新房是______年建成的；新房与老房的距离______米。

（五）新房与老房的基本情况：

	占地面积（m^2）	层数	建筑面积（m^2）	建房成本（元）
新房				
老房				——

（六）您家老房是______年建成的，老房所在地是否有通车的路连通：______ ①有 ②没有；

老房所在地用水、用电等是否方便：______ ①方便 ②不方便

（七）您家在耕地上建新房后，您家承包地的情况：

1. 您家承包地情况：水田______亩______块；旱地______亩______块。

水田地块的空间分布及相互间总距离：______米，最远距离______米，最短距离______米。

旱地地块的空间分布及相互间总距离：______米，最远距离______米，最短距离______米。

2. 水田地块距离您家住址的距离：最远距离______米，最短距离______米。

旱地地块距离您家住址的距离：最远距离______米，最短距离______米。

3. 水田地块距离机耕路的距离：最远距离______米，最短距离______米。

旱地地块距离机耕路的距离：最远距离______米，最短距离______米。

4. 水田地块与相邻地块的高差：一般______米；旱地地块与相邻地块的高差：一般______米。

（八）当时在自家承包地上建新房时，是否征得了村委会同意：______ ①是 ②否

（九）当时在自家承包地上建新房，是否征得了乡镇国土管理所的同意：______ ①是 ②否

■若回答"是"，在自家承包地建新房时，办理相关用地手续，花费______元。

■若回答"否"，在自家承包地建新房时，受到村委会或乡镇政府的阻拦或处罚情况：______①有 ②无

（十）如果不占用耕地，而是在老宅基地上盖同样的新房，建房成本大概是______元；如果在村庄内的空地上建同样的新房，建房成本大概是______元。

【必答】五、农户建新房区位选择的影响因素

（一）如果您有建房需求的话，愿意选择在哪里建房：______

①老宅基地上 ②村庄内空闲建设用地上 ③自家承包耕地上 ④村里规划或理想中的的集中居住点（或中心村） ⑤县城（或镇上） ⑥其他

（二）您认为您所承包的耕地的承包期限是多少：______

①15年 ②30年 ③任意年数都可以 ④无限期 ⑤不清楚

（三）您认为您自己是否有权随意改变自家承包耕地的用途：______ ①有 ②没有 ③不清楚

（四）按照现在国家有关规定，您认为您可以拥有______处宅基地。

（五）您在建房选址上，受左邻右舍、亲朋好友建房行为和态度的影响：

没有影响___①___：___②___：___③___：___④___：___⑤___影响非常大

（六）您在建房选址上，受风水观念的影响：

没有影响___①___：___②___：___③___：___④___：___⑤___影响非常大

（七）您在建房选址上，受您家经济条件的影响：

没有影响___①___：___②___：___③___：___④___：___⑤___影响非常大

（八）您在建房选址上，受自家承包地跟耕作半径的影响：

没有影响___①___：___②___：___③___：___④___：___⑤___影响非常大

（九）您在建房选址上，受交通条件的影响：

没有影响___①___：___②___：___③___：___④___：___⑤___影响非常大

（十）您在建房选址上，受生态环境的影响：

没有影响___①___：___②___：___③___：___④___：___⑤___影响非常大

（十一）您在建房选址上，受通水、通电、通信等基础设施条件的影响：

没有影响___①___：___②___：___③___：___④___：___⑤___影响非常大

（十二）您在建房选址上，受文体公共设施的影响：

没有影响___①___：___②___：___③___：___④___：___⑤___影响非常大

（十三）您在建房选址上，受当地政府政策（建房要求、建房补助等）的影响：

没有影响___①___：___②___：___③___：___④___：___⑤___影响非常大

（十四）您所在村庄内部目前空闲地的情况：______

①有大量空闲地，可供农民建房用　②有少量的空闲地，可供农民建房用　③没有空闲地供农民建房用　④其他

（十五）您所在村有没有规划集中居住点（中心村）：______　①有　②没有　③不清楚

（十六）您认为村庄规划或理想中的集中居住点（中心村）应满足什么条件（多选题）：______

①靠近城镇或中心村　②耕作半径范围内　③通水、通气、通电、通信等基础设施建设齐全　④运动场等文体公共配套设施完善　⑤生态环境

良好 ⑥交通方便 ⑦其他

（十七）您认为村庄规划或理想中的集中居住点（中心村）会给您生活带来怎样的影响：

非常不方便___①___：___②___：___③___：___④___：___⑤___非常方便

（十八）您认为目前居住地与村庄规划或理想中的集中居住点（中心村）的差距：

没有差距___①___：___②___：___③___：___④___：___⑤___差距非常大

（十九）在集中居住点（中心村）建新房，您认为政府会给予怎样的补助或奖励：

没有补助___①___：___②___：___③___：___④___：___⑤___补助很多

（二十）您对政府今后有关耕地保护政策的看法：

非常不严格___①___：___②___：___③___：___④___：___⑤___非常严格

（二十一）您对政府今后有关集中居住点（中心村）建设政策的看法：

非常不看好___①___：___②___：___③___：___④___：___⑤___非常看好

（二十二）您认为政府对耕地保护政策法规的宣传情况（标语、树立标志牌、村里开会讲解等）：

没有宣传___①___：___②___：___③___：___④___：___⑤___宣传好

（二十三）您认为政府对宅基地政策法规的宣传情况（标语、树立标志牌、申请条件、审批程序等）：

没有宣传___①___：___②___：___③___：___④___：___⑤___宣传好

（二十四）您认为地方政府对占用耕地建房所采取的惩罚力度：

无惩罚___①___：___②___：___③___：___④___：___⑤___很大惩罚

第五节　实际耕作土地的投入情况

（实际耕种土地 = 承包地-抛荒地 + 转入土地 - 转出土地）

一、劳力要素（劳动力务农天数=劳动力 A 某务农天数+劳动力 B 某务农天数+……）

年份	水稻		其他作物		雇佣工资（元/天）
	自家劳动力务农天数（天）	雇佣劳动力务农天数（天）	自家劳动力务农天数（天）	雇佣劳动力务农天数（天）	
2015年					
2014年					
2013年					
2012年					

二、流动资本投入（元）

年份	水稻						其他作物					
	种子费用	化肥费用	农家肥（斤）	农药费用	农膜费用	水电灌溉费用	种子费用	化肥费用	农家肥（斤）	农药费用	农膜费用	水电灌溉费用
2015年												
2014年												
2013年												
2012年												

三、固定资本投入

（一）农机购买情况

农机种类	拖拉机	插秧机	耕田机	收割机	抽水机
购买时间（年月）					
购买价格（元）					
使用寿命（年）					

续表

农机种类	拖拉机	插秧机	耕田机	收割机	抽水机
现值（元）					
主要用途					

注："现值"是指该农机现在值多少钱。"主要用途"是指该农机主要用于"①水稻生产"还是"②其他农作物生产"。

（二）农机租赁情况（元）

年份	水稻					其他作物				
	拖拉机	插秧机	耕田机	收割机	抽水机	拖拉机	插秧机	耕田机	收割机	抽水机
2015 年										
2014 年										
2013 年										
2012 年										

（3）您家是否饲养了耕牛？2015 年______；2014 年______；2013 年______；2012 年______。

①是 ②否

第六节 实际耕作土地的产出情况

作物种类（一一列举）	2015 年						2014 年					
	种植面积（亩）	种植块数（块）	总产量（斤）	出售量（斤）	价格（元/斤）	毛收入（元）	种植面积（亩）	种植块数（块）	总产量（斤）	出售量（斤）	价格（元/斤）	毛收入（元）

续表

作物种类(一一列举)	2013 年						2012 年					
	种植面积(亩)	种植块数(块)	总产量(斤)	出售量(斤)	价格(元/斤)	毛收入(元)	种植面积(亩)	种植块数(块)	总产量(斤)	出售量(斤)	价格(元/斤)	毛收入(元)

注：有些空格无法填，如：蔬菜，种植的蔬菜种类较多，无法问出产量、出售量、出售价格，但可以问出毛收入。但对于水稻、小麦、油菜、棉花和玉米等作物，可以问出种植面积、种植块数、总产量、出售量、价格、毛收入 6 项的具体情况。

第七节 土地整理后的情况（农民的态度）

在下面表格中填选：①根本不关注 ②不是很关注 ③一般 ④比较关注 ⑤非常关注

一、你平时对土地资源相关的生态问题是否关注？	
二、你平时对水资源相关的环境问题是否关注？	
三、你平时对生活环境相关的问题是否关注？	

四、你觉得土地整理后村里的耕地面积总量有没有增加？

①明显减少 ②略微减少 ③没有变化 ④略微增加 ⑤明显增加

五、①明显减少 ②略微减少 ③没有变化 ④略微增加 ⑤明显增加

六、你觉得土地整理是否改变耕地的细碎化程度？

①明显降低 ②略微降低 ③没有变化 ④略微提高 ⑤明显提高

七、你本人承包经营的耕地机械化耕作程度有没有提高？

①明显降低 ②略微降低 ③没有变化 ④略微提高 ⑤明显提高

在下面表格中填选：①明显降低 ②略微降低 ③没有变化 ④略微

提高 ⑤明显提高

八、你觉得土地整理是否改变耕地的肥力？	
九、你是否增加了耕作过程中的化肥使用量？	
十、你是否增加了耕作过程中的农药使用量？	
十一、你是否增加了耕作过程中的农膜使用量？	
十二、你觉得土地整理是否改变耕地的抗灾能力和生产能力？	

十三、你是否在土地整理后调整了种植结构（改变种植的作物、调整种植面积）？

①没有调整 ②略微调整 ③较大幅度调整

在下面表格中填选：①明显降低 ②略微降低 ③没有变化 ④略微提高 ⑤明显提高

十四、你在土地整理后是否增加了农业收入？	
十五、你觉得土地整理后村里水塘的水质有没有变化？	
十六、你觉得土地整理后村里小型河道的水质有没有变化？	
十七、你在土地整理后是否增加了洗涤物品的频次？	
十八、你在土地整理后是否增加了去垂钓、嬉水等活动的频次？	
十九、你觉得土地整理后灌溉水质有没有变化？	

二十、你在土地整理后是否因水质不符要求而寻找替代水源（如抽取地下水）？

①没有 ②有，但不频繁 ③有，比较频繁

二十一、你觉得土地整理后灌溉水量有没有变化？

①明显降低 ②略微降低 ③没有变化 ④略微提高 ⑤明显提高

二十二、你在土地整理后在灌溉过程中付出的劳力有没有变化？

①明显降低　②略微降低　③没有变化　④略微提高　⑤明显提高

二十三、你在土地整理后在灌溉过程中付出的费用（电费等）有没有变化？

①明显降低　②略微降低　③没有变化　④略微提高　⑤明显提高

二十四、你觉得土地整理后村里垃圾倾倒现象有没有变化？

①明显恶化　②略微恶化　③没有变化　④略微改善　⑤明显改善

二十五、你在土地整理后在有没有形成定点倾倒垃圾的习惯？

①没有　②有，但偶尔不遵循　③有，严格遵循

二十六、你觉得土地整理后村里污水排放现象有没有变化？

①明显恶化　②略微恶化　③没有变化　④略微改善　⑤明显改善

二十七、你在土地整理后在有没有形成按规定排放污水的习惯？

①没有　②有，但偶尔不遵循　③有，严格遵循

二十八、你觉得土地整理后村里绿化程度有没有变化？

①明显恶化　②略微恶化　③没有变化　④略微改善　⑤明显改善

二十九、你在平常会不会保护绿化苗木、劝阻破坏行为？

①没有　②有，偶尔　③有，十分积极

三十、你觉得土地整理后村里其他基础设施（道路、健身设施、晒场等）有没有变化？

①明显恶化　②略微恶化　③没有变化　④略微改善　⑤明显改善

三十一、你在土地整理后有没有提高身体锻炼的频次？

①明显降低　②略微降低　③没有变化　④略微提高　⑤明显提高

三十二、你在土地整理后有没有提高出行的频次？

①明显降低　②略微降低　③没有变化　④略微提高　⑤明显提高

三十三、你在土地整理后有没有提高与村民交流的频次？

①明显降低　②略微降低　③没有变化　④略微提高　⑤明显提高

附录3：

调查问卷三

（调查区域与数据来源三）

问卷编号：______

农地整治交易费用调查问卷（广西农户部分）

调查对象：______县______乡（镇）______村______屯

第一节　农地整治项目农民认知

一、您了解国家对农地整治的有关政策吗？（　　）

①很不了解　②不太了解　③一般　④比较了解　⑤非常了解

二、您对农地整治项目的了解主要是通过哪些方式？（多选）（　　）

①电视报纸等媒体宣传　②项目标示牌等公告　③村干部宣传　④政府部门门工作人员宣传

三、您认为开展农地整治最重要的目标是？（多选）（　　）

①增加耕地面积　②提高耕地质量　③改善生态和人居环境　④田块归并，促进规模化经营　⑤有利于农地流转，增加农民收入

四、您认为农地整治中的工程内容有哪些，并按照重要程度排序______。（多选）

①田地平整工程　②农田水利工程　③田间道路工程　④农田防护工程　⑤田地权属调整

五、您认为农地整治对农民的好处有多大？（　　）

①没什么好处　②比较小　③一般　④比较大　⑤非常大

六、您对本村的农地整治项目的满意度？（　　）

①非常不满意　②不满意　③一般　④满意　⑤非常满意

选择1、2、3者，请继续回答下面一道问题（选择4、5者无需回答）：

■ 您认为农地整治实施过程中存在的问题有哪些，并按严重程度排序______

①工程质量差　②工程设计不合理　③"路边工程"或者"形象工程"泛滥　④施工中变更频繁　⑤非法转包和分包　⑥青苗、压占等损失严重　⑦存在暗箱操作等腐败行为　⑧农户参与不够

七、您对农地整治项目中施工建设的总体满意度？（　　）

①非常不满意　②不满意　③一般　④满意　⑤非常满意

选择1、2、3者，请继续回答下面一道问题（选择4、5者无需回答）：

■ 您不满意的原因是（可多选）：（　　）

①施工单位态度不好　②施工进度太慢　③工程非法转包　④偷工减料　⑤拖欠工资

八、农地整治项目实施中您对政府工作人员的总体满意度？（　　）

①非常不满意　②不满意　③一般　④满意　⑤非常满意

选择1、2、3者，请继续回答下面一道问题（选择4、5者无需回答）：

■ 您不满意的原因是（可多选）：（　　）

①工作态度不好　②组织协调能力不行　③存在挪用公款现象　④不了解农民的需要　⑤"形象工程"建得太多　⑥与村干部勾结侵害农民利益

九、在农地整治项目实施中，您对地方政府（县、乡级政府）的做法相信吗？（　　）

①非常不相信　②不相信　③无所谓　④相信　⑤非常相信

十、农地整治项目实施中，政府会不会把项目的有关情况告诉农民？（　　）

①根本就不告诉 ②只告诉很少部分 ③大部分情况都告诉 ④所有情况都告诉了

第二节 农民参与情况

一、您是否参与了本村农地整治项目？（ ）

①是→

（一）您参与了本农地整理项目的哪些工作？（ ）（可多选）

①项目申请 ②讨论确定整合方案 ③土地整合统计（土地面积丈量、登记） ④耕地平整 ⑤水利等配套设施建设 ⑥土地产权调整 ⑦奖补申请工作

（二）您以什么方式参与了农地整理项目？（ ）（可多选）

①提建议和意见 ②参与规划设计 ③进行投资 ④投工投劳 ⑤参与施工监督 ⑥其他______

②否→

（三）您没有参与农地整治项目的原因是：（ ）（可多选）

①没时间参与 ②有一定的成本 ③农地整治只是形式，参与也没什么效果 ④想参与，但没有有效途径 ⑤对农地整治不了解，无法完成相关工作

二、因为农地整治项目有利于农业生产条件的改善，您是否愿意无偿参与农地整治项目的实施（例如方案的设计、施工）？（ ）

①是

②否→ （一）如果给您酬劳，您工作一天的工资至少元比较合适。

三、参与农地整治工作是每个农民都应该有的权利。您觉得这句话对吗？（ ）

①不对

②对→

（一）为什么？（　　）（可多选） ①因为农地的使用者是农民，农民最了解土地　②因为农地是农民集体所有　③因为农地整治涉及土地的权属调整，事关农民利益　④因为农地整治过程可能会损坏青苗，迁移祖坟等，涉及农民损害赔偿　⑤因为国家法规规定农民需要参与农地整治工作　⑥其他

四、您是否因为农地整治和他人（包括施工方和政府）发生过纠纷？（　　）

①是

②否→

请直接跳至第三部分

五、您通过何种方式解决纠纷？（　　）

①与他人当面协商　②向村干部反映，由村干部协调　③直接向相关部门（例如水利部门、土地管理部门等）反映　④向上级政府反映，上访　⑤向法院起诉　⑥向新闻媒体反映，寻求帮助　⑦其他______

六、您处理纠纷花费的时间大概为______

七、您在处理纠纷时耗费的费用大概有______元

第三节　交易费用情况

一、项目申请阶段（包括并地动员和方案讨论）

（一）在项目申请过程中，您是否去过村里开会，讨论过农地整治项目？（　　）

① 是→

■ 开过几次会讨论？（　　） ①2 次以下　②2~4 次　③5~8 次　④8 次以上

②否

（二）项目申请之前，你有没有去其他已经进行田地整治的村庄参观过？（　　）

①有

②没有→ 请直接跳至第5题

（三）您去其他村庄参观过多少次？（　　）①1次　②2次　③3次　④4次

（四）每次出去参观，花费的路费和住宿费等大概有______元/次。

（或者：参观期间，每天的补助是______元/天，每次大概要______天）。

（五）在这个过程中您的意见和其他人存在冲突吗？（　　）

①没有冲突

②有过冲突→ ■ 如何解决冲突？（　　）
①互相商量，尽量说服别人　②村委会干部协调矛盾　③找上级行政机关解决矛盾　④默默忍受　⑤其他______

（六）因为开会讨论耽误了您自己的工作（务工或者农活），如果给您经济补偿，您觉得每次会议至少给多少钱比较合适？（　　）

①不要钱　②20元以下　③20~40元　④40~60元　⑤60~80元　⑥80~100元　⑦100元以上

（七）农地整治项目审批需要花费不少资金，如果让村民集资跑项目，您家最多愿意交______元。

（八）您是如何知道农地整治项目得到批准的？（　　）

①公示或者公告　②村委会开会通知　③听村民说的　④从新闻媒体了解到

（九）您是否参加过农地整治方案的讨论？（　　）

①是→

1. 讨论了多少次？（　　）

①2次以下　②2~4次　③5~8次　④8次以上

2. 农地整治项目最后确定的方案采纳了您的意见吗？（　　）

①全部采纳　②大部分采纳　③只采纳少数　④完全没有采纳

②否→

3. 您没有参加农地整治项目方案设计的原因是什么？（　　）

①自己对农地整治项目不关心　②自己没时间参与　③缺乏相关知识，无法参与　④没有有效途径参与

（十）农民参与方案设计能够使整治后的农地更符合农民的需要，如果让您放下其他工作来参与设计，您希望的最低经济补偿是______/天。

①不要钱　②20元以下　③20~40元　④40~60元　⑤60~80元　⑥80~100元　⑦100元以上

二、施工建设阶段（土地实地调整过程：包括丈量土地、平整土地、修建机耕道、沟渠）

（一）农地整治的施工建设阶段，您参与了下列哪些工作？（可多选）（　　）

①土地面积丈量和统计　②土地平整　③沟渠建设　④监督施工　⑤田间路的修整　⑥防护林种植　⑦以上都没参与→ 请直接跳至第3题

（二）您参与这些工作属于哪种性质的？（　　）

①义务劳动，没有工资

②只是务工，获得工资→ 您得到的工资是______元/天

③以劳动代替投资

④其他______

（三）在农地整治施工建设过程中，您觉得需要农民监督施工吗？（　　）

①需要

②不需要→

■ 为什么？（可多选）（　　）
①相信村理事会/并地小组的工作，不需要监督 ②有工程监理，根本就用不着农民监督 ③农民没有发言权，监督也没用 ④农民不懂施工，不知道怎么监督 ⑤其他

（四）您是否参加了施工建设的监督工作？（　　）

①是→

■您得到的报酬是______元/天

②否→

■农民自己对农地整治施工进行监督，肯定会提高工程质量。如果让您来监督施工，并且给您发工资，您希望的最低工资是____/天。
①不要钱 ②20元以下 ③20~40元 ④40~60元 ⑤60~80元 ⑥80~100元 ⑦100元以上

（五）在施工过程，您家的田地具有下列哪种损失？（可多选）（　　）

①青苗或者农作物被损坏→

1. 补偿标准是______元/亩。（未获补偿就填写0）

②祖坟被迁移或者损毁→

2. 补偿标准是______元/亩。（未获补偿就填写0）

③农田被占用→

■3. 通过什么方式进行补偿？（　　）
①调整田地时，获得同等面积补偿　②经济补偿。补偿标准是______元/亩　③没得到任何补偿

④没有任何损失

⑤其他______

三、土地权属调整阶段（分田）

（一）您是否参与了土地的权属调整（分田）工作？（　　）

①是→ 请直接跳至第5题

②否→ 请接着回答第2至5题

（二）您没有参加土地权属调整的原因是？（可多选）（　　）

①这项工作还没有开展　②村民们的意见不统一，无法开展下去　③没有兴趣参加　④我的意见提了也没用，干脆不参加　⑤这种事应该由政府来决定，农民自己搞不好　⑥其他______

（三）您觉得怎样才能解决土地权属调整问题？（　　）

①全体村民们共同协商解决　②由政府解决　③村民代表（理事会）协商解决　④由村委会解决　⑤其他______

（四）根据目前的情况，您估计什么时候能完成土地权属调整工作？（　　）

①这样下去，没法解决　②估计要______（填写时间）　③不清楚

（五）您对土地权属调整的满意度如何？（　　）

①非常不满意　②不满意　③一般　④满意　⑤非常满意

（六）您是否参加了权属调整方案的制定？（　　）

①是→ 在制订方案的过程中，您开会的次数是______次

②否

（七）权属调整过程中，您参加会议的次数为(　　)

①2次以下　②3~5次　③6~8次　④9~11次　⑤11次以上

（八）您在土地权属调整中是否与他人发生纠纷？(　　)

①是→ 为了解决纠纷，耽误了您______天的工作时间

②否

第四节　被调查者及家庭基本特征

一、被调查者的基本情况

（一）性别(　　)：①男　②女

（二）年龄(　　)：①20~30岁　②30~40岁　③40~50岁　④50~60岁　⑤60岁以上

（三）受教育程度(　　)

①小学　②初中　③高中　④大专　⑤大专以上

（四）您是否为村组干部(　　)①是　②否

（五）您平常是否外出务工？(　　)

①是→ 您务工一天的工资大约有______元

②否

（六）您是否参加过农业技能培训？(　　)

①是　②否

（七）您参加过哪些社会保险？（可多选）(　　)

①农村合作医疗保险　②农村养老保险　③其他商业保险　④都没参加

二、家庭承包地数量及特征

（一）农地整治之前，您家承包地面积总共为______亩，其中：水田______亩，旱地______亩；总地块数为______块。

农地整治之后，您家的总地块为______块，总面积______亩。

（二）农地整治前后，您家承包地的平整情况如何？（请在对应选项上

画钩）

2.1　农地整治之前	①很平整　②比较平整　③不平整
2.2　农地整治之后	①很平整　②比较平整　③不平整

（三）农地整治前后，您家承包地的农田水利设施（沟渠）如何？（请在对应选项上画钩）

3.1　农地整治之前	①很好　②一般　③较差
3.2　农地整治之后	①很好　②一般　③较差

（四）农地整治前后，您家承包地的田间道路情况如何？（请在对应选项上画钩）

4.1　农地整治之前	①很好　②一般　③较差
4.2　农地整治之后	①很好　②一般　③较差

（五）农地整治前后，您承包的农地流转情况如何？（请在对应选项上画钩）

5.1　农地整治之前	①很容易转让　②一般　③很难转让
5.2　农地整治之后	①很容易转让　②一般　③很难转让

（六）您是否愿意将您的承包地流转出去？（　　）

①非常不愿意　②不愿意　③一般　④愿意　⑤非常愿意

（七）您的承包地是否租出去了？（　　）

①是→

1. 您是通过什么方式把土地租出去的？(　　)
①对方自己找过来　②政府统一组织的　③我主动去找的
2. 政府对土地流转是否有补偿？(　　)
①有　②没有

②否

三、被调查者的家庭特征

(一) 家庭人口情况：总人口______人。其中，劳动人口______人，农业劳力______人。

(二) 农地整治之前，家庭年总收入______万元，其中农业收入（包括土地出租）______万元。

(三) 农地整治之后，家庭收入是否有变化？(　　)

①没变化

②有变化→

家庭年总收入______万元，其中农业收入______万元

(四) 关于农地整治，您还有什么建议吗？

____

____

第五节　农民并地意愿调查

一、您目前从事的工作是(　　)

①农业生产，无非农活动　②农业生产为主，农闲时间打零工　③长年在外打工，农忙时间回家从事农业生产　④全职在外务工

二、您支持本村进行小块并大块（并地）吗？

非常不支持__①__：__②__：__③__：__④__：__⑤__非常支持

三、小块并大块（并地），您认为能获得哪些利益______（多选，并按照重要度排序）

①长期能提高农作物的产量；　②农业生产条件改善；　③获得参与

并地的劳动报酬； ④并地后，有公司愿意出更高的价格租种土地； ⑤并地能解决土地权属纠纷； ⑥农业景观得到了改善； ⑦并地后获得更多新增耕地。

四、小块并大块（并地），您认为获益的可能性有多大？

（一）并地后，能长期提高粮食作物或经济作物的产量

非常不明显__①__：__②__：__③__：__④__：__⑤__非常明显

（二）农业生产条件改善，发展优质高效农产品，获得更好的收益

非常不明显__①__：__②__：__③__：__④__：__⑤__非常明显

（三）将原有的人畜耕作变为机械耕作

非常不明显__①__：__②__：__③__：__④__：__⑤__非常明显

（四）参与并地，获得劳动报酬

非常不明显__①__：__②__：__③__：__④__：__⑤__非常明显

（五）并地后，有公司愿意出更高的价格租种土地

非常不明显__①__：__②__：__③__：__④__：__⑤__非常明显

（六）并地能解决土地权属纠纷

非常不明显__①__：__②__：__③__：__④__：__⑤__非常明显

（七）并地后土地接连成片，农业景观得到了改善

非常不明显__①__：__②__：__③__：__④__：__⑤__非常明显

（八）并地后，零星土地变成大块土地，从而获得更多耕地（新增耕地）

非常不明显__①__：__②__：__③__：__④__：__⑤__非常明显

五、小块并大块（并地），您认为可能会有哪些损失？ （多选）（　　）

①短期内土壤质量会有所下降 ②以前的好地，并地重新分配后变成了坏地 ③对长期耕种土地的感情受到了损害 ④并地过程中会产生土地权属争议与纠纷 ⑤并地过程中会产生耕地被占用等利益受损现象 ⑥并地小组工作不公开透明，会满足小部分人的私利，损害自己的利益。

六、小块并大块（并地），您认为受损的可能性有多大？

（一）并地短期内土壤质量会有所下降

非常不明显__①__：__②__：__③__：__④__：__⑤__非常明显

（二）以前的好地，并地重新分配后变成了坏地

非常不明显__①__：__②__：__③__：__④__：__⑤__非常明显

（三）对长期耕种土地的感情受到了损害

非常不明显__①__：__②__：__③__：__④__：__⑤__非常明显

（四）并地过程中会产生土地权属争议与纠纷

非常不明显__①__：__②__：__③__：__④__：__⑤__非常明显

（五）并地过程中会产生耕地被占用等利益受损现象

非常不明显__①__：__②__：__③__：__④__：__⑤__非常明显

（六）并地小组工作不公开透明，会满足小部分人的私利，损害自己的利益

非常不明显__①__：__②__：__③__：__④__：__⑤__非常明显

致　谢

感谢华中农业大学公共管理学院杨钢桥教授团队提供的调查数据。感谢浙江大学公共管理学院叶艳妹教授、华中科技大学公共管理学院卢新海教授、华中农业大学公共管理学院杨钢桥教授、华中农业大学公共管理学院汪文雄教授、武汉工程大学管理学院明均仁教授、华中农业大学公共管理学院赵微副教授、南昌大学公共管理学院曾艳副教授、湖南师范大学地理科学学院文高辉副教授、华中师范大学公共管理学院韩璟副教授、武汉工程大学管理学院盛义龙副教授、武汉工程大学管理学院李雅楠副教授、华中农业大学公共管理学院陈丹玲老师、华中师范大学公共管理学院匡兵老师、华中农业大学公共管理学院张超正博士对本专著的指正。感谢武汉工程大学管理学院索烨、佘沐环、李育琛、陈聪等同学在专著撰写过程中的辛苦付出。